Celebrando Líderes Quietos

Prasenjeet Kumar

Published by Publish With Prasen, 2019.

CELEBRANDO LÍDERES QUIETOS

First edition. April 5, 2019.

Written by Prasenjeet Kumar.

Índice Analítico

Introdução

―――

Caro amigo Tímido,

Espero que o título deste livro o tenha intrigado o suficiente para o persuadir a visualizá-lo.

O tema deste livro é: podem os introvertidos realmente liderar? E, em caso afirmativo, podem apenas liderar, como se espera que qualquer imbecil herdeiro ao trono faça, ou será que se poderão tornar líderes lendários?

Vivemos numa sociedade onde nos inculcam que, a fim de liderarmos com sucesso, devemos agir assertivamente, com ousadia e estarmos dispostos a ocupar o centro do palco. Neste processo, não só temos que ser muito bons nestes "parâmetros" como ser arrogantes e mostrar excesso de confiança. No entanto, em algumas circunstâncias, é mesmo aconselhável que cultivemos cuidadosamente tais características.

Se é calado e tímido, será solicitado a superar a sua "timidez" e "introversão" ou a esquecer o sonho de se tornar um líder.

Desperte a Auto extroversão, dir-lhe-ão.

Deixe-me desde já esclarecer um equívoco. Os introvertidos podem não só liderar, mas também tornarem-se excelentes líderes.

Para a minha pesquisa, tive que me enfronhar em alguns livros e artigos sobre introvertidos que a História reconhece como líderes de sucesso e fiquei surpreendido com o que encontrei.

Descobri que os introvertidos não só foram bem-sucedidos enquanto líderes, mas ultra bem-sucedidos! E a maioria são tão bem conhecidos que se irá surpreender.

Mais importante, eles conseguiram não porque conseguiram superar a sua introversão, MAS devido à sua introversão.

Os introvertidos têm tido sucesso em todos os, supostamente, extrovertidos campos de liderança, sejam eles da área política, militar, académica ou religiosa. Alguns lideraram as suas tropas no campo de batalha (violentamente), enquanto outros lideraram tranquilamente, sem violência ou passivamente.

Então, o que fez com que esses introvertidos tivessem tido tanto sucesso?

Os introvertidos são dotados de algumas forças naturais que, se forem bem utilizadas, podem transformar qualquer pessoa tímida num líder de sucesso. A primeira é uma imaginação fértil. Nós falamos menos, mas pensamos imenso. O mundo exterior não sabe o que estamos a pensar. Mas o mesmo processo de pensamento pode levar a uma visão ou a um sonho a concretizar.

Cada líder introvertido que obteve sucesso nas "histórias" narradas neste livro teve uma visão fértil. Ele, ou ela, sonhou ver o seu povo livre ou previu uma nação que salvaguardava a saúde e a felicidade de seu povo.

Depois, estes líderes deram passos pequenos mas decisivos para criar instituições que produziram resultados, concretizando a sua visão, mesmo centenas de anos depois de partirem.

Em terceiro lugar, os introvertidos têm uma mente analítica e são cautelosos por natureza. Pode pensar que uma pessoa cautelosa não se pode destacar nas questões militares, onde quem se atira para o campo de batalha é considerado valoroso. Mas pode surpreender-se ao saber que alguns dos maiores generais da história eram defensivos por natureza. Foram capazes de alcançar algumas vitórias surpreendentes, mas só porque pararam para pensar, planear e agir de forma decisiva. Estudaram cuidadosamente o terreno, as táticas e os pontos fracos dos seus inimigos. E não lideraram fazendo discursos grandiosos, mas constituindo um exemplo.

O que foi dito leva-me ao quarto ponto. Os introvertidos, por natureza, não gostam de ser o centro das atenções. Então, como é que se podem tornar em líderes de excelência? Lembre-se da velha máxima "As ações valem mais que mil palavras". Vivemos num mundo em que os nossos chamados líderes prometem muitas coisas (eloquência), mas não cumprem nenhuma. Para os introvertidos é mais fácil agir do que dizer. Isto é uma força e NÃO uma fraqueza. E isto é o que faz as pessoas acreditarem na sua integridade e no seu caráter.

Em muitas das histórias que se seguirão, irá ler sobre como pessoas tímidas que se mantiveram sentadas quando foram convidados a levantarem-se e, depois, impelidas por uma voz interior, pegaram numa vassoura e começaram a varrer o chão que deu origem às maiores revoluções de todos os tempos. Todos estes foram atos simples. Não houve grandiosidade, nenhum ato extraordinário de bravura e mesmo assim obtiveram alguns resultados de cortar a respiração.

Se for um líder é expectável que faça discursos. Mas se não gosta de fazer discursos, como poderá então liderar uma revolução?

Não se preocupe. Acho que quando os líderes introvertidos falaram fizeram-no com convicção. Os seus discursos tocaram cordas sensíveis porque vieram diretamente dos seus corações. Para o líder introvertido, é mais fácil falar quando as suas paixões são despertadas.

Pode ser tímido na vida real e perturbado por intimidadores, mas quando vê alguém a cortar uma árvore ou dar um tiro num pássaro as suas paixões são despertadas. Deixa de ser tímido ou ter medo do confronto. Pode até arriscar a vida para defender e proteger uma árvore ou para salvar a vida de um pássaro. E não está sozinho.

Todos os líderes tímidos que está prestes a conhecer nas próximas páginas tiveram as suas paixões despertadas em algum momento. Embora reservados por natureza, os nossos líderes tímidos levantaram-se para pegar em cacetes e quando o fizeram, executaram-no de forma brilhante.

E, finalmente, uma palavra sobre a religião. Pode pensar que a maioria dos proeminentes líderes religiosos era extrovertida e carregava a mensagem de Deus de forma eloquente. Mas deixe que o surpreenda mais uma vez: muito provavelmente eram introvertidos que apenas sentiam uma estreita ligação com Deus ou com o seu "eu interior".

Este livro contém histórias sobre líderes militares, políticos, académicos e religiosos, mas os mesmos princípios podem ser aplicados a qualquer atividade.

Portanto, senhoras e senhores, estejam preparados para mergulharem em contos de coragem e valentia, ilustrados por mulheres e homens tímidos, calados e sensíveis de TODO O MUNDO. Irá ler como esses líderes tímidos enfrentaram os maiores desafios e ameaças das suas vidas e como se ergueram das cinzas, tal como a lendária Fénix, mas timidamente.

Como um "Fénix Tímido", tal como apelidei esta série de livros.

A maioria destes líderes é bem conhecida. Portanto, a fim de manter o mistério, tentei esconder as suas verdadeiras identidades, mas apenas um pouco.

Aviso: Não se surpreenda se achar que estes líderes se parecem consigo.

E mesmo que seja uma pessoa extrovertida, tenho a certeza que vai aprender muito sobre a liderança em geral.

Desejo-lhe uma boa leitura!

Atenciosamente,

Prasenjeet

Capítulo 1: Um jovem tímido e desajeitado torna-se no maior Líder Militar na História de Inglaterra

━━━

No dia 07 de fevereiro de 1847, Angela Burdett-Coutts, uma das mulheres mais ricas do mundo, propôs casamento a Arthur. Tal não deveria ter causado estranheza na então Sociedade Inglesa, não fosse o facto de Arthur ter então setenta e oito anos e Ângela apenas trinta e três.

Apesar da diferença de idades, não havia dúvida de que Arthur era um pretendente digno. Era um militar altamente condecorado, em ascensão ao posto de Comandante-Chefe do Exército Britânico. Tinha sido embaixador, membro do parlamento e até Primeiro-Ministro de Inglaterra durante um curto espaço de tempo.

Segundo consta, Arthur tinha desenvolvido uma estreita relação com Ângela. No início, envolvia apenas aconselhamento sobre assuntos de negócios. Mas, mais tarde, como Edna Healey - a autora de "A senhora desconhecida: a vida de Ângela Burdett-Coutts" (1978) -, afirma: "O tom das suas cartas, a escadaria sinuosa para os seus aposentos privados e as mechas de cabelo entrelaçadas, mostram quão próximos eles eram."

Além disso, esta não era uma paixão comum de uma fã por uma celebridade. Os sentimentos estavam a ser correspondidos de forma igual. Era sussurrado que, quando eles estavam separados, Arthur escrevia a Ângela diariamente, às vezes duas cartas por dia. Calcula-se que durante o tempo em que se conheceram Arthur enviou à senhora Burdett-Coutts mais de 800 cartas! Muitas vezes enviavam um ao outro o "produto das suas caminhadas": uma flor, uma folha delicada, uma erva perfumada.

Naturalmente isto pôs as pessoas a dar à língua. Granville Leveson-Gower registou de forma desaprovadora que Arthur -"estava a surpreender o mundo com a estranha intimidade que estabeleceu com a senhora Coutts, com quem passa a vida, e em todo o tipo de relatórios é predominante a intenção de se casar com ela. Estas são as lamentáveis aparências da decadência da sua vigorosa mente, que são mais de lastimar porque está em circunstâncias muito invejáveis, sem qualquer responsabilidade política, no entanto, associado aos assuntos públicos e olhado com todo o respeito e consideração por todos os quadrantes - no Tribunal de Justiça, no Parlamento, na sociedade e no país".

Arthur era um viúvo cuja esposa tinha morrido, de cancro, em 1831, há cerca de 16 anos atrás. Também tinha tido alguns casos amorosos anteriormente. Uma das suas amantes, Harriette Wilson, ainda tentou chantageá-lo, ameaçando escrever sobre o seu relacionamento, à qual Arthur respondeu com a célebre frase: "publique, estou-me nas tintas".

Não havia, portanto, nenhuma razão para que ele não se pudesse casar com a Sr.ª Coutts.

No entanto, Arthur escreveu-lhe uma carta no dia seguinte:

"Minha querida Ângela. Passei cada momento da tarde e da noite, desde que a deixei, a refletir sobre a nossa conversa de ontem, da qual considerei repetidamente cada palavra. O meu primeiro dever para consigo é o de amigo, guardião e protetor. É muito jovem, minha querida! Tem diante de si a perspetiva de, pelo menos, vinte anos de prazer e felicidade na vida. Rogo-lhe de novo, desta forma, para não desperdiçar a sua vida com um homem que tem idade para ser seu avô e que, mesmo sendo forte, vigoroso e saudável presentemente, deve e certamente sentirá com o tempo as consequências e debilidades da idade... Os meus últimos dias seriam amargurados pela reflexão de que a sua vida era desconfortável e sem esperança".

Que tipo de estranha pessoa era este Arthur, para quem o bem-estar da outra parte se sobrepunha às suas próprias necessidades e desejos?

Para responder a esta questão teremos que voltar um pouco atrás na história.

Arthur nasceu em 1769, no mesmo ano em que nascia Napoleão, na Córsega. Perdeu o pai, o conde de Mornington em Dublin, Irlanda, era ainda uma criança de tenra idade. Era considerado uma criança reservada e retraída. "Juro por Deus que não sei o que vou fazer com o meu estranho filho Arthur", lamentou a sua mãe uma vez.

Em 1781, quando tinha onze anos, Arthur foi enviado para Eton, uma das mais elitista escolas de Inglaterra do século XVI-II. A escola orgulhava-se de dar a Inglaterra os seus Lordes, Cavaleiros e Barões. No entanto, todas as esperanças foram frustradas quando o menino não mostrou indícios de melhoria.

Arthur continuava a ser "um estudante antissocial e ocasionalmente agressivo, que pouco esforço fazia para aprender". O seu único interesse parecia ser tocar violino. O menino não tinha amigos e mostrava pouco ou nenhum talento para fazer o que quer que fosse. Pior. Ficou aquém do normal nos seus estudos. Ficou em quinquagésimo quarto lugar dos setenta e nove alunos da escola.

A mãe de Arthur estava convencida de que o seu molesto filho se encaixava no perfil de "carne para canhão, e nada mais". Retirou Arthur de Eton, no verão de 1784, e enviou-o para Bruxelas para aprender francês. Em janeiro de 1786, mandou-o para a Academia de Equitação em Angers, França.

Nos finais de 1700 a França era considerada o lugar onde os meninos eram transformados em "verdadeiros homens", o que quer fosse que isso significasse. Em Angers, Arthur aprendeu a arte da esgrima, equitação e arquitetura militar. No espaço de um ano, um novo Arthur nasceu: um homem com notável autoconfiança e segurança.

No dia de Natal de 1787, Arthur tornou-se tenente num regimento de infantaria inglês. Ainda era um homem tímido e introvertido, em quem ninguém via nada de atrativo.

Uma noite, numa grande festa, Arthur não conseguiu encontrar um par para dançar. Assim, simplesmente sentou-se perto da banda para desfrutar da música, enquanto os outros foram dançar alegremente com os seus pares. Depois do baile ter terminado, todos saíram com os seus pares em harmoniosa alegria. Arthur teve que sair com os violinistas!

Quando Arthur tinha vinte e um anos, devido à sua linhagem, foi-lhe dado um assento no parlamento irlandês.

"Quem é esse jovem de uniforme escarlate com ombreiras largas?", comentou uma vez um visitante à Casa dos Comuns irlandesa.

"Chama-se Arthur", respondeu um dos seus colegas.

"Suponho que ele nunca fala", observou o visitante.

"Está errado", disse o colega, "ele fala. E quando o faz, é sempre objetivo".

Depois de ser promovido ao posto de major em 1793, Arthur reuniu coragem e propôs casamento a Lady Catherine Sarah Dorothea Pakenham, irmã de Thomas Packenham, segundo duque de Longford. A oferta foi recusada pelo seu irmão, alegando que Arthur tinha falta de perspetiva para ser capaz de a sustentar adequadamente.

A resposta de Arthur à rejeição foi violenta. Ateou fogo ao seu violino e tomou a decisão de se concentrar no serviço militar ativo.

Decidiu obter a patente de tenente-coronel. Naquela época, a compra de patentes dentro das Forças Armadas era comum na Inglaterra e Arthur, com o apoio do seu irmão, conseguiu "comprar a sua promoção".

O Exército Inglês costumava ser, então, bastante desorganizado. Os criminosos eram recrutados para o exército como castigo. O serviço militar era visto como "uma alternativa ao exílio, à prisão ou à morte". Mesmo aqueles que aderiam voluntariamente, muitas vezes eram incapazes de arranjar um emprego na vida civil. Os soldados não tinham qualificações ou eram alcoólicos ou ambos. Não tinham praticamente nenhuma formação militar. Eram literalmente a "escória da sociedade".

Era chagado o momento do tenente-coronel Arthur usar os seus pontos fortes de introversão para reformar o exército britânico, o que parecia ser uma tarefa impossível. Embora fosse introvertido, Arthur era naturalmente dotado de poderes de intuição. Parecia saber instintivamente qual o melhor soldado para que tarefa e em que momento. Nomeou o seu amigo Beresford para comandar as tropas portuguesas (que eram aliadas dos Ingleses contra os franceses) porque era um mestre de instrução militar muito inteligente, com uma enorme força de vontade. Esta foi uma das melhores nomeações de Arthur. Os soldados que estavam mal treinados eram utilizados apenas para defesa.

Depois, tornou obrigatório obedecer às ordens no exército. Naquela época, seguir ordens era menos importante do que demonstrar valentia no campo de batalha. Arthur acreditava na disciplina rigorosa. Assim, implementou um código penal militar por meio do qual os soldados eram frequentemente castigados por desafiar as regras.

Ao mesmo tempo, recompensava soldados disciplinados, promovendo-os. Também cuidava bastante dos seus homens, garantindo que lhes era providenciado pagamento regular, alimentação adequada, vestuário, sapatos e roupas de cama.

Sendo penosamente tímido, Arthur nunca liderou dando grandes discursos. Na realidade, como rapidamente admitia, tinha um enorme receio em ser vaiado se tentasse discursar!

"Então, como é que ele motivava os seus homens?" É uma pergunta que naturalmente nos vem à cabeça.

Ao contrário de outros colegas conscientes da sua patente, que só se misturavam com oficiais da sua posição e estatuto, Arthur misturava-se livremente com oficiais que eram de patente inferir à dele, especialmente durante as refeições. Como qualquer introvertido, demonstrava eloquência em conversas de pessoa para pessoa. Andava sempre com os seus homens e envolvia-se em brincadeiras amigáveis. Esta foi uma das razões pela qual Arthur era carinhosamente referido como o "Parceiro" pelos seus colegas.

Em 1796, o regimento de Arthur foi enviado para a Índia. O seu irmão, Richard, então Governador-Geral da Índia, ordenou a invasão do Estado do sul de Maiçor por suspeitar que o seu governante, Tipu Sultan, estava a ficar muito próximo dos franceses. Arthur conquistou Maiçor no dia 4 de maio de 1799 e Tipu foi morto no campo de batalha.

Em 1803, foi-lhe dada ordem para marchar contra um dos Rajás Maratha que estava a ameaçar as fronteiras inglesas. Arthur avançou 190 km com as suas tropas e enfrentou o fortíssimo exército Maratha de 50.000 homens e 128 armas, em contraste com os seus 7.000 homens e 17 armas. Ninguém esperava que os britânicos vencessem esta batalha.

A introvertida e natural capacidade que Artur tinha em prestar "atenção aos detalhes" veio mesmo a propósito. Arthur estava à procura de uma forma de lutar contra os Marathas em terreno favorável e, no desenvolvimento deste raciocínio, avistou duas aldeias em ambos os lados do rio. Os guias locais argumentaram que era impossível atravessar o rio; as margens eram íngremes e rochosas, e não havia baixios. Arthur contrariou-os e assumiu o risco de atacar. Conduziu as suas tropas indianas até ao outro lado do rio, atacou os seus oponentes pelo flanco e derrotou-os na batalha de Assaye.

Conforme descreve Norman Gash:

As suas tropas, reduzidas pela sua questionável decisão em enviar o contingente do coronel Stevenson Hyderabad à volta por um caminho diferente, eram de apenas 7.000 homens. Já tinham marchado 30 Km naquele dia e recuar teria sido quase tão perigoso como avançar. Tomou a decisão mais ousada. Calculando corretamente que deveria haver um baixio entre as duas aldeias situadas em lados opostos do rio, atravessou abaixo do flanco esquerdo da posição Maratha e posicionou as suas tropas num ângulo estreito entre o rio Kaitna e o afluente Juah: uma posição que encurtou a frente e protegeu os flancos, mas teria sido uma armadilha mortal se tivesse sido derrotado. Os Marathas, sob as ordens dos oficiais franceses, habilmente mudaram a frente para os enfrentar, e uma batalha desesperada seguiu-se antes que a vitória fosse assegurada. O flanco direito de Arthur avançou demasiado e ficou sob o fogo da artilharia pesada perto da aldeia de Assaye. Sofreu mais de um terço de baixas dos cerca de 5000 homens que cruzaram o Kaitna, sendo um número desproporcional entre as tropas britânicas. Arthur contribuiu com o seu ex-

emplo pessoal para o resultado. No calor da batalha travada, foi morto o cavalo que montava e um outro viria a ficar ferido.

Foi uma grande decisão. Foi também a primeira grande batalha de Arthur. Ele próprio estava sempre no auge da ação, dando ordens tão firmemente quanto um veterano experiente. O cavalo em que estava montado foi baleado, mas montou outro e continuou a lutar. À noite o inimigo estava em plena retirada. Arthur tinha esmagado a rebelião e garantido à Inglaterra os seus domínios.

Pelo feito, recebeu os agradecimentos do Parlamento e uma espada de honra de Calcutá. Foi também nomeado cavaleiro, uma grande honra naqueles tempos, quando existiam apenas vinte e quatro cavaleiros no país.

Arthur estava agora preparado para o seu momento mais desafiador. Em 1815, liderou as suas tropas contra o aparentemente imparável Napoleão na Batalha de Waterloo. Usando a sua força intuitiva, escolheu pessoalmente as posições de cada brigada de infantaria e tomou decisões até ao nível mais baixo possível.

Para evitar vítimas da artilharia de Napoleão, Arthur mudou as suas tropas para a outra encosta do campo de batalha. Essa encosta funcionou como um escudo e protegeu os seus soldados do fogo dos canhões. As táticas surpreenderam os franceses, que não podiam ver as tropas de Artur e pensaram que tinham debandado!

Mas quando a cavalaria francesa carregou e atravessou o ponto onde Arthur estava escondido com as suas tropas, os britânicos simplesmente levantaram-se e abateram os surpreendidos franceses. Desta forma, Arthur conseguiu repetidamente esmagar as colunas francesas. No final do dia, Napoleão estava derrotado. Foi dito muitas vezes que os franceses entraram ao estilo antigo e foram rechaçados ao estilo antigo.

Estou certamente a falar do famoso Arthur Wellesley, primeiro Duque de Wellington, que provou ser um dos maiores Generais Militares da História Inglesa. As superiores decisões que tomou no terreno, as táticas e os homens, fizeram com que tivesse derrotado adversários que, como Napoleão, eram muito mais poderosos e esplendorosos do que ele.

Claro que Arthur Wellesley também era um introvertido que mostrou os mesmos pontos fortes que a maior parte dos líderes introvertidos empregam. Liderou dando o exemplo e expondo-se aos mesmos perigos a que os seus soldados eram expostos. Foi atingido duas vezes por balas e montava o cavalo que foi baleado.

O seu estilo era notavelmente diferente do de outros líderes militares da época (como Napoleão ou o rei Maratha), que apenas davam ordens e assistiam à batalha à distância. Além disso, a incrível capacidade que Arthur tinha para ajuizar o terreno fez dele um general de grande sucesso.

Como a maioria dos introvertidos, Arthur era avesso a correr riscos. Nunca sacrificou as suas tropas para obter uma vitória rápida e ficou muito entristecido com a guerra. Na verdade, foi acusado por historiadores de ser excessivamente cauteloso e defensivo. Era o contrário de Napoleão que nunca sentiu remorso por infligir catástrofes e fazer com que milhões de pessoas morressem no processo. Para Napoleão, as suas tropas eram completamente descartáveis.

As táticas e movimentações de Arthur Wellesley ainda hoje são ensinadas nas escolas militares de todo o mundo. Tal como a maior parte dos introvertidos, tinha um sentido de intuição muito bem desenvolvido. Sabia com precisão quais as tarefas que se adequavam a quem e assim podia quase sempre escolher a pessoa certa. Como resultado, conseguiu transformar o exército britânico, originalmente um grupo de bandidos, no exército mais disciplinado e sofisticado do mundo.

Diferentes pessoas têm opiniões diferentes sobre a sua personalidade. De acordo com a sua anfitriã, a Sr.ª Granville, ele era *a pessoa mais despretensiosa, perfeitamente natural e amável,* que ela já conhecera.

Aos olhos da Sr.ª Arbuthnot, ele era "uma pessoa o mais agradável possível em casa, tão simples, divertido e satisfeito... É impossível conhecê-lo bem sem o amar. É tão gentil com toda a gente, tão carinhoso e de tão boa natureza e, devo dizer, nunca conheci nenhum homem que fosse tão universalmente querido".

No entanto, para o historiador britânico Christopher Duffy, Arthur Wellesley *tinha essa frieza fundamental no seu coração. Chorava quando se confrontava com as baixas, mas basicamente era um bastardo de coração frio, caraterísticas que eram, em grande parte, responsáveis pelo que se tornou a imagem do tipo de cavalheiro inglês: reservado, distante, frio, sobriamente vestido...*

Arthur foi Primeiro-Ministro de Inglaterra durante um curto espaço de tempo. Mas o pavor que tinha da democracia, tomada como regra pela multidão, fez com que não tivesse sucesso na política. O desdém pela opinião dos homens, contrário ao comando de um general experiente, é um traço comum entre os militares que, também ele, carregava consigo dos tempos de disciplina no exército.

Wellesley era bastante sensível às suas origens irlandesas. Quando um entusiasmado celta o louvou por ser um irlandês famoso, ele respondeu asperamente: "Um homem pode nascer num estábulo e no entanto não ser um animal."

-Este político britânico, Primeiro-Ministro e Comandante-Chefe era tão tímido que raramente falava, até mesmo aos seus serviçais. Preferia escrever-lhes as ordens num bloco de notas, que muitas vezes deixava na cómoda!

Arthur Wellesley, Duque de Wellington, morreu em Walmer Castle em 14 de setembro de 1852 e foi sepultado na catedral de St Paul. Norman Gash escreve que "a ocasião para, provavelmente, o funeral mais ornamentado e espetacular jamais visto em Inglaterra - a procissão de guardas a cavalo desde Constitution Hill até St Paul - foi testemunhada, estimou-se, por um milhão e meio de pessoas."

Em sua homenagem, o Wellington Arch ainda permanece no Hyde Park, em Londres. Arthur também deu o seu nome às humildes botas Wellington.

Quando o meu diário aparecer, muitas estátuas devem vir abaixo.

"Arthur Wellesley, Duque de Wellington"

Capítulo 2: Seja o seu próprio farol, não prescreva nenhum Livro Sagrado, não aterrorize ninguém e no entanto tenha um bilião de seguidores

———

No Século 6 a.C., vivia nas florestas de Koshala (perto da cidade sagrada de Ayodhya, na Índia), um temível bandido chamado Angulimaal. Costumava atacar de surpresa e matar brutalmente qualquer pessoa que andasse pelos trilhos da floresta qualquer que fosse o motivo. Depois, num ato repugnante e macabro, o bandido costumava cortar o polegar (anguli) da sua vítima e usá-lo como troféu à volta do pescoço como um colar (maal). Aos poucos, o colar tinha acumulado 999 polegares o que indicava que tinha matado 999 pessoas até então. O seu objetivo, publicamente declarado, era recolher 1.000 polegares humanos. Esta era a razão pela qual o apelidavam de Angulimaal que literalmente significa um colar de dedos.

Prasenjeet, o então rei de Koshala, tinha enviado várias vezes os seus exércitos capturar Angulimaal vivo ou morto, mas sem êxito. Então o rei ouviu falar de um monge erudito que estava de visita ao seu reino e pensou em procurar o seu conselho. O sereno monge assegurou a Prasenjeet que iria fazer o seu melhor para encontrar Angulimaal.

Fiel à sua palavra, no dia seguinte, o monge aventurou-se nas florestas, desarmado. Não demorou muito até que Angulimaal notasse o errante monge e pensasse que seria uma boa ideia matá-lo e cumprir a sua promessa de colecionar os 1.000 polegares. Assim, furtivamente, perseguiu o monge com a faca levantada. Mas o monge dando passos longos continuou a correr à frente dele. Quando Angulimaal, ofegante, viu que não o podia apanhar, gritou ao monge para que parasse. O monge parou, virou-se para trás e depois olhou Angulimaal nos olhos e sorriu.

Angulimaal foi apanhado desprevenido ao ver o rosto sereno e radiante do monge. Surpreendido, não pôde deixar de perguntar:

"Quem é você, ó monge, e porque está a sorrir? Sempre vi o terror nos rostos das pessoas quando me veem. Ouvi-os a gritar e implorar por misericórdia. Como é que pode estar tão calmo?", perguntou Angulimaal.

"Oh Ahimsak (não-violento), eu parei, mas quando é que você vai parar?", disse o monge, de modo misterioso.

"Porque se referiu a mim como "não-violento" quando eu matei 999 seres humanos? O meu nome é Angulimaal ou o homem que usa um colar de dedos humanos, não sabe?", perguntou o incrédulo bandido.

"Você tem a bondade e a paz dentro de si. É por isso que eu o chamo de não-violento", respondeu o monge.

Estas palavras deixaram Angulimaal ainda mais intrigado.

"Não, eu sou diabólico. Isto é o que todos pensam de mim. Sou uma pessoa má. Eu mato seres humanos. Como é que posso ser bom?", argumentou Angulimaal.

"Mas ainda tem alguma bondade no seu coração. Compreenda a sua verdadeira natureza", insistiu o monge.

"Isto é muito estranho. As pessoas chamam-me bandido, assaltante, assassino em massa, malvado, filho do demónio, etc., etc., mas você persiste em chamar-me bom e não-violento", questionou-se Angulimaal em voz alta.

Foi então que a vida de Angulimaal de repente passou diante dos seus olhos. Quando foi estudante, era inteligente, obediente e, de facto, tão brilhante que os seus professores o adoravam e os outros alunos tinham inveja dele. Então, alguns dos seus colegas de classe pensaram em pregar-lhe uma partida e disseram ao professor que Ahimsak, nome pelo qual Angulimal era conhecido, tinha uma relação ilegítima com a sua esposa. No início, o professor não acreditou neles, mas, depois, a estória repetiu-se tantas vezes através de tantas fontes diferentes que o professor ficou cansado de ouvir a calúnia. Então um dia o professor, furioso, disse a Ahimsak para deixar a escola.

Quando o pai de Ahimsak soube da "razão" que levou à expulsão do seu filho, também ele perdeu a paciência e disse-lhe para sair de casa. Quando Ahimsak vagueava desanimado pelas ruas, algumas pessoas apontavam-lhe o dedo por ele ter cometido o pecado mais grave, de dormir com a esposa de seu guru. Alguns chegaram mesmo a atirar pedras contra o pobre Ahimsak. Ferido e sangrando, Ahimsak jurou vingar-se de toda a humanidade fazendo um promessa de cortar e recolher 1.000 polegares, a quantidade de dedos que foram levantados para o acusar.

Ao recordar toda a sua vida, as lágrimas começaram a rolar pelo rosto de Angulimaal. Caiu de joelhos perante o sereno monge e pediu-lhe perdão.

"É tarde demais para abraçar a bondade, ó nobre monge?", perguntou Angulimaal.

"Não, nunca é tarde demais", respondeu o monge.

"Levai-me consigo, ó iluminado. Mostre-me o caminho da luz", implorou Angulimaal.

Os espiões do rei de Koshala informaram-no que Angulimaal não só fora localizado, como estava agora a viver com o monge no seu acampamento. Curioso, o rei Prasenjeet foi à sua procura e viu um homem com a cabeça rapada vestido com uma túnica cor de açafrão a meditar em solidão com os olhos fechados. O rei não podia acreditar que estava a ver o mesmo temido bandido que outrora tanto havia aterrorizado o seu reino.

Diz-se que Prasenjeet ficou tão impressionado que colocou todos os recursos do seu reino à disposição deste grande monge e tornou-se de facto no primeiro patrono real de O Iluminado.

Então, quem era esse monge? Para isso, vamos avançar um pouco mais na história.

Decorria o ano de 560 a.C. Havia júbilo por todo o Kapilvastu, o pequeno reino na fronteira da Índia e do Nepal, porque a rainha do Sakya, esposa do rei Shudhodhana, tinha acabado de dar à luz um filho. Os homens santos foram chamados para abençoar o herdeiro ao trono, a quem deram o nome de Siddhartha.

Shudhodhana queria fazer do filho o maior guerreiro de todos os tempos para que ele pudesse conquistar novos territórios e estender o nome e a fama do império do rei em todas as direções. No entanto, quando perguntou aos seus astrólogos para prever o futuro do seu filho, estes ficaram perplexos.

"Será o meu filho o maior guerreiro de todos os tempos?", perguntou o rei.

"O seu filho realmente vai tornar-se um guerreiro, mas vai ganhar os corações e as mentes das pessoas através do amor, compaixão e bondade", respondeu o chefe astrólogo.

"Será que o meu filho travará grandes batalhas?", perguntou o rei novamente.

"Sim sua Majestade. O seu filho combaterá grandes batalhas. Mas será mais uma batalha de emoções do que uma batalha de espadas", foi a intrigante resposta do astrólogo.

O rei ficou um pouco agastado. O astrólogo tinha fama de ser infalível. Todas as suas previsões costumavam tornar-se realidade.

E então o astrólogo fez algo que nunca tinha feito antes.

"Eu curvo-me diante desta alma santa", disse o astrólogo para o bebé, curvando-se em reverência.

Depois do astrólogo sair, o sacerdote chefe aconselhou o rei a manter o recém-nascido longe de qualquer tipo de sofrimento, especialmente da doença, velhice e da morte. Tal não foi fácil.

As ruas da cidade tiveram que ser libertas de idosos, doentes e pobres.

Então, o rei ordenou que uma nova cidade fosse erigida, especialmente para essas pessoas. Todos os velhos, doentes e os pobres foram ali realojados. Esta nova cidade foi chamada de Cidade da Tristeza, uma vez que não tinha quaisquer jovens ou pessoas saudáveis.

O jovem príncipe recebeu formação em artes marciais e estava a desenvolver excelentes capacidades no manejo da espada. Siddhartha também gostava bastante de montar a cavalo. O único problema era que qualquer derramamento de sangue, mesmo durante os exercícios de rotina, deixava-o terrivelmente consternado. Por essa razão, Siddhartha nunca estava interessado na caça de animais selvagens, que era, naquela época, considerada o derradeiro ato de machismo.

A seu tempo, Siddhartha casou-se com a linda princesa Yashodhara. O casal, passado pouco tempo, foi abençoado com um filho, Rahul.

O rei continuava a fazer o melhor que podia para manter o príncipe alheio à velhice, doença e à morte por detrás dos muros do palácio. No entanto, as pessoas envelheciam ou ficavam doentes a cada dia. Ter que as deslocar para a Cidade da Tristeza, mesmo uma vez por semana, era um pesadelo logístico.

Um dia, quando voltava dos campos de treino, o Príncipe viu um homem de cabelo grisalho que caminhava com um andar curvado.

"Que tipo de pessoa é essa?", perguntou o príncipe.

"É um velho, meu príncipe. Isto é o que acontece com todos nós quando envelhecemos", disse o cocheiro do príncipe muito naturalmente.

Um dia, o príncipe perdeu-se e entrou na Cidade da Tristeza acidentalmente. Siddhartha ficou horrorizado ao ver a cidade cheia de pessoas velhas e doentes. Então, essas pessoas cercaram o príncipe e criticaram-no severamente por as manter longe das suas famílias nas horas de aflição.

O príncipe estava profundamente perturbado. A sua mente girava à volta de uma pergunta:

"Porque é que os seres humanos sofrem tanto? Não existe uma maneira de acabar com o sofrimento?"

Siddhartha tinha acabado de fazer 29 anos quando decidiu dizer adeus à sua bonita esposa e ao filho que dormia, e deixar o palácio em busca da Verdade Suprema. Rapou o cabelo e vestiu um roupão de açafrão em vez das suas reais e resplandecentes vestes. Vagueou por muitos lugares com outros sacerdotes e eremitas aprendendo as suas formas de vida, mas não ficou satisfeito. Nenhum deles podia responder à pergunta do príncipe sobre a causa do sofrimento e a sua cura. Siddhartha leu todas as Escrituras, mas também estas não lhe deram as respostas que procurava.

Depois, o Príncipe cruzou-se com um grupo de monges que se auto denominava "jainistas". Pediram a Siddhartha que desistisse de tudo, incluindo da comida e da água, porque só o sofrimento o poderia conduzir à Verdade Suprema.

Então, o príncipe sobreviveu comendo apenas folhas e frutos de casca rija e, depois, deixou a comida e a água completamente. Passados alguns dias, este ritual fez com que Siddhartha ficasse tão fraco que desmaiou e quase se afogou numa lagoa próxima. Foi resgatado por uma mulher que lhe deu "kheer" (um prato indiano feito com leite, arroz, manteiga e açúcar) para comer. O príncipe recuperou alguma energia e percebeu que uma vida ascética extrema não o poderia levar à felicidade suprema. Tinha que haver um Meio-termo entre o ascetismo e a autoindulgência.

Um dia, quando tinha cerca de 35 anos, Siddhartha decidiu sentar-se à sombra de uma árvore Banyan (figueira-de-bengala) e refletiu sobre o que tinha aprendido e observado nos últimos seis anos. Os textos sagrados daquela época relatam que o príncipe meditou assim durante um tempo recorde de 49 dias. Durante esse período, Siddhartha disse ter debatido e conquistado todas as forças do mal como a ganância, a luxúria e a raiva.

Ao fim desses 49 dias, quando abriu os olhos, o rosto de Siddhartha brilhava de infinita sabedoria. Estava a irradiar felicidade, paz, amor e compaixão como se tivesse alcançado a iluminação. Os seus colegas não puderam deixar de notar essa transformação e, em reverência, referiam-se a ele como "Buda" ou o iluminado.

Com apenas cinco seguidores, que formaram o primeiro Conselho budista, a fama de Buda espalhou-se por toda a parte.

Milhares de pessoas juntaram-se à sua ordem. Era tão fácil entender a sua definição da Verdade Suprema, que é, nada é permanente. Nem tristeza, nem a felicidade, nem a pobreza nem a riqueza... Tudo mudará. Então, viva no presente. Pratique boas ações. Não seja violento. Se nasceu, irá morrer. Portanto, não seja indevidamente agarrado a nada, e continue.

Buda espalhou a sua mensagem ao, eventualmente, aproveitar os métodos e técnicas familiares aos introvertidos, que são a de solidão tranquila, a de exploração do nosso interior, e a de falar com as pessoas uma de cada vez.

Buda gostava muito de contar estórias e através delas convertia as pessoas, uma a uma, à sua ideologia de paz e não-violência. E os seus seguidores, depois, concretizavam a mesma técnica fazendo com que a legião de praticantes budistas se multiplicasse muitas vezes.

Um dia, uma mulher foi ter com Buda. O seu bebé tinha morrido de repente. A mulher estava desolada e desesperadamente à procura de um "medicamento" que pudesse trazer o seu bebé de volta à vida. Os habitantes da aldeia contaram-lhe sobre os poderes miraculosos de Buda e então a mulher implorou-lhe para usar todos os seus poderes para fazer reviver a criança.

A mulher não estava, obviamente, recetiva à lógica. Então Buda prometeu ajudar, mas somente com uma condição. A mulher tinha de obter algumas sementes de mostarda de uma família que não tivesse sido tocada pela morte.

Motivada para o intento, a mulher andou de porta em porta a pedir sementes de mostarda. Na primeira casa, ficou a saber que os pais do chefe de família tinham morrido naquela noite. Na segunda, foi uma viúva quem abriu a porta. Na terceira, entrou numa casa onde o proprietário tinha falecido. Quem lhe abriu a porta seguinte disse à mulher que o seu agregado familiar já havia sido tocado pela morte. Assim sendo, a mulher não conseguiu obter uma única semente de mostarda em lado nenhum. Foi então que percebeu a verdade suprema da vida, que todo aquele que nasce neste mundo eventualmente acabará por morrer.

Esta perceção da vida curou-a. Então, enterrou o seu filho e voltou para falar com Buda. A mulher disse que ele lhe tinha aberto os olhos para a universalidade da morte e implorou para que a aceitasse na sua ordem monástica. Buda concordou prontamente em a acolher, o que foi considerado revolucionário, porque nenhuma outra religião no mundo estava, provavelmente não estará nos próximos mil anos, disposta a aceitar mulheres na sua ordem.

Um dia, Buda foi desafiado por um estudioso brâmane que insistia em fazer tudo segundo as Escrituras.

"Por que razão deveríamos nós aderir aos seus métodos não convencionais de encontrar a verdade? Se o caminho não está prescrito nas Escrituras, então, obviamente, não vale a pena segui-lo." Assim declarou o sacerdote brâmane.

O Buda sorriu e pediu ao brâmane que ouvisse uma pequena estória. A estória era sobre um homem carismático que tinha bastantes seguidores. O cultista tinha pedido aos seus seguidores para gravar todas as suas orientações num livro. Com o passar dos anos, o livro ficou repleto de todo o tipo de orientações. Sempre que um novo problema surgia, os seguidores eram ensinados a consultarem esse livro para encontrar a solução. Qualquer outro procedimento era desaprovado. Os seguidores eram aconselhados a não fazerem nada sem consultarem "o livro".

Um dia, o líder atravessava uma frágil ponte de madeira quando, de repente, esta desabou e o líder caiu ao rio. Como não sabia nadar, começou a afogar-se e gritou por ajuda. Os seus seguidores apressaram-se para lhe prestar auxílio mas, como tinham sido ensinados, começaram a consultar "o livro" à procura de respostas. O líder não parava de gritar por ajuda, mas os seus seguidores asseguraram-lhe que estavam a fazer o melhor para encontrar a resposta. O líder afogou-se, pois os seus seguidores não conseguiram encontrar qualquer conselho no "livro".

Esta estória fez o sacerdote brâmane perceber que a pessoa deve tomar a decisão acertada e não seguir cegamente as ideias conservadoras e ultrapassadas sem usar o senso comum. O brâmane decidiu, depois, também ele, tornar-se um seguidor de Buda.

Isto era um indício de que as religiões organizadas preferiam seguir cegamente um determinado livro sagrado ou um conjunto de instruções. E, lembre-se, isto passou-se no século VI a.C.. As duas maiores religiões proselitistas, o cristianismo e do Islamismo, ainda não existiam. Mas se tivessem existido, era certo que Buda teria também continuado a debater sem medo com estes últimos proponentes sobre o que quer que fosse.

Buda continuou vagueando de um lugar para o outro a espalhar a sua mensagem de lógica e tolerância. Depois de domar Angulimal, Buda tinha-se dirigido para oeste, para o Reino de Koshala.

Mais tarde, tendo sido muito acarinhado pelo rei Prasenjeet e pelo povo de Koshala, mudou-se para leste, para o reino de Magadha (atual Patna, na Índia Oriental). O Reino de Magadha era governado por um imperador chamado Ajatshatru que tinha assassinado o seu próprio pai na prisão. Tinha empreendido numerosas guerras contra reinos vizinhos e tinha conseguido conquistá-los um por um.

Os sacerdotes brâmanes locais tinham-se tornado bastante hostis aos ensinamentos de Buda. Então, persuadiram o imperador de Magadha a assassinar Buda. Mas, milagrosamente, Buda sobreviveu a todas as tentativas.

Certa vez, o Imperador ficou muito doente. Perguntou ao seu médico real qual era a sua doença e foi informado de que a doença não era física, mas espiritual. O médico real disse ainda que o Imperador se estava a sentir culpado por ter assassinado o seu pai e por conspirar assassinar Buda, o iluminado.

"O seu coração está a chorar pela mais alta Verdade. Esta é a doença do seu coração espiritual. Se realmente quer ser curado, vá até Buda. Ele é o médico divino. Ninguém na terra o pode curar, exceto Buda", disse o médico real.

O imperador decidiu frequentar os sermões de Buda no mosteiro que ficava nas proximidades. Quando o Imperador ouviu a sua mensagem de amor, compaixão e bondade, teve uma mudança no coração. O Imperador prostrou-se diante dele e pediu-lhe o seu perdão.

"Eu não sou o seu Rei. É você o Senhor e Mestre do meu coração e da minha alma. E eu sou o seu indigno escravo", disse o Imperador.

"Não é meu escravo. É meu filho, o escolhido. A luz da minha compaixão destruiu a escuridão da sua ignorância", disse Buda.

E, desta forma, como diz a lenda, o poderoso Imperador Ajatshatru também se tornou um seguidor e Real Patrono de Buda.

Foi assim que os seguidores de Buda cresceram de apenas cinco para cerca de mil, na altura em que morreu com a madura idade de 90 anos. A esposa de Buda, o seu único filho, a sua tia e outros membros da família também se juntaram à sua ordem. O movimento que ele tinha desencadeado era imparável. Os seus seguidores continuaram a difundir a mensagem de Buda, com cada um a conseguir mais dez seguidores. Mesmo após a morte de Buda, a sua mensagem não morreu. Os seus seguidores levaram a sua mensagem de paz e não-violência, não só a toda a Índia, mas a milhões de pessoas no Afeganistão, Birmânia, China, Camboja, Indonésia, Japão, Coreia, Laos, Sri Lanka, Tibete, Tailândia, Vietname e tantos outros países.

Pontos de reflexão

O que é que os Líderes Tímdos podem aprender com Buda?

O Poder da comunicação de pessoa para pessoa.

Os introvertidos, por vezes, sentem-se desconfortáveis ao falar para grupos grandes e preferem falar com uma pessoa de cada vez. Foi assim que Buda conseguiu espalhar a sua mensagem. E foi assim que ganhou muitos seguidores de todas as esferas da vida. Tiranos, sacerdotes hostis, bandidos, todos os que se cruzaram com ele não conseguiram resistir a aceitar a sua mensagem. Tanto é, que Buda foi rotulado de mágico e charlatão pelos seus inimigos, cujas mágicas palavras podiam mudar o coração de qualquer um, emocional e espiritualmente.

E tudo aconteceu conquistando um por um.

Tal é o poder da conversa de pessoa para pessoa.

Se é uma pessoa introvertida que está a lutar para causar impacto, por que não começar por selecionar um grupo de pessoas e deixá-lo lentamente acreditar em si e na sua visão?

Nas palavras de Buda, existem apenas dois erros que pode cometer ao longo da vida: não começar e não ir até ao fim.

Milhares de velas podem ser acesas numa única vela, e a vida da vela não será reduzida.

"Buddha"

Capítulo 3: O Lobo Cinzento que assumiu o Clero Religioso e Criou uma Nação Moderna

M era insuportável para umas quantas pessoas. Tanto assim que houve várias tentativas para o assassinar.

Em 1926, um grupo de homens arquitetou um plano para o matar, mas rapidamente foi descoberto e preso. Um dos assassinos contratados foi levado à frente de M. O assassino não sabia quem era o seu interlocutor. Quando questionado, admitiu que, de facto, tinha aceitado um contrato para matar M, porque M era um homem mau, que era contra a sua religião e também estava a prejudicar o seu país.

"Mas como é que podia", perguntou um incrédulo M, "matar uma pessoa que nunca sequer tinha visto antes? Podia ter escolhido o homem errado." O assassino explicou que era suposto lhe apontarem M antes que disparasse.

M sacou de imediato o seu revólver e entregou-o ao assassino dizendo: "Bem, eu sou M. Vá, pegue neste revólver e dê-me um tiro agora."

O homem, escreve Lord Kinross, olhou para ele com espanto, depois, caiu de joelhos e chorou.

M estava, obviamente, extremamente confiante de que as forças que tinha desencadeado contra as práticas religiosas ou culturais ilógicas eram de tal forma imparáveis que até mesmo o seu assassinato não poderia ter impacto nelas.

Mas, primeiras coisas primeiro. Quem era esta imprudente personagem M e o que é que estava exatamente a tentar alcançar?

M nasceu em 1881 na Grécia. Tinha olhos azuis-claros e cabelos loiros. Os seus pais eram muçulmanos mas, numa atitude pouco ortodoxa, decidiram que o menino deveria ser educado numa instituição secular em vez de numa islâmica. A criança mostrou um talento especial para os números e foi considerada "perfeita" pelos seus professores na escola.

A cidade natal de M, Salónica (Tessalónica grega), era um "pot-pourri" cultural - um movimentado porto marítimo com comunidades gregas, eslavas, turcas e judaicas que se misturavam e discutiam. A cidade era tão eclética como as influências intelectuais de M que, acredita-se, incluem H. G. Wells, Thomas Henry Huxley e Gustave Le Bon.

Ao contrário de muitos introvertidos, M era um pouco anti-ssocial, sensível, e mal-humorado, o que fez com que se tornasse bastante impopular. Considerava-se superior aos outros. No entanto, pesava a seu favor o facto de ser bom nos estudos e de gostar de ensinar os outros estudantes.

"Também demonstrou ter ciúmes, o que se transformaria numa antipatia rancorosa de qualquer outro rapaz que obtivesse melhores resultados do que ele. Não desempenhava papel de segundo plano para ninguém", escreve o capitão HS Armstrong, autor de "O Lobo Cinzento".

Num outro nível, M era bastante diferente dos outros. Odiava a violência, o sangue e a crueldade. Não gostava da prática cultural do sacrifício de animais, que é prevalente em tradições islâmicas, e tentava sempre impedir tais intentos antes que o sangue fosse derramado. Uma vez um amigo ofereceu-lhe uma pintura a óleo que descrevia um soldado turco a esfaquear o peito ensanguentado de um soldado grego. A sua reação imediata foi voltar a por a pintura na embalagem e desfazer-se dela.

M gostava muito de flores e queria flores apanhadas de fresco sobre a mesa todas as noites. Também tinha um grande carinho por cães e cavalos. Amava as crianças e adotou uma série de meninos e meninas.

Como é que um homem tão reservado como M, que gostava de coisas "efeminadas" como flores, faria uma carreira, de sua livre escolha, nas forças armadas? O que sabia ele sobre coragem, determinação e liderança, poder-se-á perguntar.

Bem, M acabou por ser um General tão excelente que milhares de soldados estavam dispostos a sacrificar as suas vidas sob o seu comando. A razão citada pelos historiadores é que M estava sempre pronto a morrer no campo de batalha. Optava sempre por liderar através das suas ações e não meramente com palavras superficiais e falsas promessas.

Em fevereiro de 1915, M recebeu ordens do seu Sultão para lutar contra uma enorme força de britânicos e franceses em Gallipoli, que estavam a planear cortar todo e qualquer acesso ao mar a Istambul. M ocupou as zonas altas e liderou a frente de batalha repelindo o ataque maciço lançado pelas forças aliadas que tinham, entretanto, conseguido o apoio de milhares de soldados australianos e neozelandeses.

M era um mestre versado em guerra psicológica. Como sabia que as tropas aliadas sobreviviam apenas de rações enlatadas, costumava lançar para as suas trincheiras algumas frutas frescas ou petiscos saborosos que tinha acabado de receber de casa. Tal, irritava e desmoralizava imenso os Aliados que, entretanto, estavam terrivelmente saudosos de casa, não tinham água potável para beber e, consequentemente, estavam a sofrer de disenteria e de uma série de infeções.

Mesmo assim, não demorou muito até que os soldados de M ficassem sem munições. Liderando mais pelo instinto do que pela lógica, M pediu aos seus soldados para carregar sobre o inimigo com as suas baionetas e liderou pessoalmente a ofensiva. A reação foi tão inesperada que conseguiu pôr as forças aliadas a correr pelas encostas abaixo em puro pânico, conseguindo assim um dia glorioso para si e para as suas tropas.

Os Aliados nunca poderiam ter ganho esta batalha, apesar de terem perdido milhares de homens. Ao regressar, M teve uma receção de herói e foi-lhe atribuída uma merecida promoção.

Dado o seu amor pelas flores e pela natureza, disseram certa vez a M que não era possível cultivar flores na região árida de Ancara, na Turquia. A razão, foi-lhe dito, era porque Ancara tinha terra, mas não tinha água.

"Se eu lhe fornecer a água, cultiva as flores?", perguntou M.

Então, mandou construir uma barragem perto de Ancara e criou também uma quinta-modelo para garantir o cultivo de flores. Assim, M mudou a paisagem do seu país, que tinha sido, até então, estéril. Foi especificamente responsável por tornar "verdejante" Ancara, a cidade que ele transformou na sua capital.

M gostava imenso de árvores e odiava ver cortá-las.

"Encontrem-me uma nova religião... Uma religião cuja forma de adoração seja plantar árvores", um desejo que M presumidamente tenha expressado certa vez.

M estava determinado não só a mudar a paisagem física de seu país, mas também os seus contornos políticos e religiosos. Odiava ver o seu país ser chamado de "o homem doente da Europa". Estava triste pelo facto de o seu país estar a ser governado por Sultões Medievais que não tinham qualquer pudor em se aliarem aos britânicos e aos franceses, desde que isso lhes permitisse manterem-se no poder. Estava indignado pelo facto de os seus compatriotas estarem atormentados pela superstição e fé cega, onde as mulheres em nada podiam contribuir. Queria que a sua pátria fosse transformada num Estado-nação moderno, democrático, liberal e secular.

É sempre mais fácil falar quando temos uma causa. Embora M fosse discreto e de natureza reservada em privado, podia falar eloquentemente sobre a sua visão em público.

"O nosso grande ideal é elevar a nossa nação ao mais alto padrão de civilização e prosperidade".

Esta foi a sua paixão e trabalhou arduamente para conseguir apoio para a sua visão. Em 1920, após a derrota da Alemanha na Primeira Guerra Mundial, o Sultão da Turquia assinou um tratado com a Grã-Bretanha, França e Grécia (também conhecido como Aliados), em que os Aliados tomaram o controlo de grande parte da Turquia e o Sultanato foi desmobilizado. Tal foi feito exclusivamente para garantir que o Sultão pudesse manter o seu trono.

M rebelou-se e defendeu abertamente um estado soberano para a Turquia. Esta sua atitude valeu-lhe a demissão imediata do exército. Determinado, M procedeu à criação de uma Assembleia Nacional de "jovens turcos" que apoiavam as suas ideias e defendiam uma guerra de independência turca, uma guerra que durou três anos. Nesses três anos, as forças turcas derrotaram os britânicos, franceses, italianos, gregos e as tropas otomanas.

Com um forte sentido de oportunidade, M avançou e recuou. Militarmente o Sultão não lhe podia fazer frente, só que o mundo muçulmano venerava o Sultão como o seu Califa ou líder religioso Supremo.

M poderia muito bem ter mantido o Sultão à frente e governado por trás. Em vez disso, numa manobra sem precedentes, decidiu abolir o próprio Califado e transformar o país num estado secular.

A mudança abalou todo o mundo muçulmano. Mesmo na distante Índia, Mahatma Gandhi foi compelido a lançar um movimento *Khilafat* aparentemente para restabelecer o Califado! O principal objetivo era, é claro, conquistar os muçulmanos conservadores e fazer com que aderissem à campanha de Gandhi contra o domínio britânico.

Outros países, como a Arábia Saudita, ofereceram uma recompensa pela cabeça de M e apelaram a uma jihad (guerra santa) contra as suas políticas blasfemas. Mas essas nações estavam, então, tão enfraquecidas pelas duas guerras mundiais que nenhuma ameaça poderia advir das suas antipatias em relação a M.

"A religião! Ele iria demolir a religião da Turquia tal como se pode dilacerar uma estranguladora hera para salvar uma jovem árvore", escreve Armstrong. Embora para os cidadãos comuns a religião estivesse tecida na sua própria identidade, M foi orientado para separar a própria natureza da pessoa individual. Progressivamente, lançou uma campanha para mudar as atitudes do seu povo.

As opiniões de M "eram as crenças do Partido Popular, pelo que se tornou moda escarnecer da religião e imprudente, e até mesmo perigoso, praticá-la. Os homens deixaram de ir às mesquitas. A religião estava fora de moda", explica Armstrong. No entanto, ainda havia mais.

M movimentava-se como um furacão para dar início a uma série de etapas duras, impopulares e quase impensáveis. Em 1924, M desmantelou as *Madrasas*, (escolas religiosas). Depois, os tribunais da Sharia islâmica foram abolidos. As irmandades religiosas e clérigos islâmicos foram proibidos e quase da noite para o dia todo o sistema da lei islâmica foi eliminado.

A poligamia foi abolida e o divórcio foi reconhecido como uma ação civil o que significava que os muçulmanos já não podiam requerer facilmente o divórcio, simplesmente proferindo as palavras 'talaq' ou divórcio três vezes. Quando a Arábia Saudita deu às mulheres o direito de votar apenas em 2015, podemos imaginar o impacto que as mudanças de M tiveram na causa da emancipação das mulheres há 90 anos atrás.

O objetivo de M era tirar o seu país da Idade Média e trazê-lo para os tempos modernos. O seu instrumento era o Partido Popular Republicano. O seu programa foi incorporado nas "Seis Flechas" do partido: republicanismo, nacionalismo, populismo, estatismo, secularismo e revolução.

De fevereiro a junho de 1926, o código civil suíço, o código penal italiano e o código comercial alemão foram todos adotados de uma só vez.

Outra reforma revolucionária foi a substituição imediata do árabe pelo alfabeto latino. A educação beneficiou imenso com esta reforma, uma vez que a tecnologia de impressão moderna foi imediatamente introduzida na Turquia. Os jovens foram encorajados a tirar partido das novas oportunidades educativas que lhes davam acesso às tradições científicas e humanísticas ocidentais.

Os turcos costumavam ter apenas um único nome sem nenhum sobrenome o que causava uma tremenda confusão. Então, em 1934, M decretou a adoção de apelidos ou nomes de família. A primeira consequência desta diretiva foi que a Assembleia Nacional deu a M o sobrenome de Atatürk ou o "Pai dos turcos".

Sim, estou realmente a falar do grande Mustafa Kemal Atatürk que mudou todo o curso da história do Médio Oriente turco e quase sem ajuda. Se visitar a Turquia, irá encontrar a estátua de Atatürk por todo o lado. Tem sido referenciado como um "Herói Militar', 'Libertador Nacional", "Líder Carismático", "Reformador Social Incomparável" e, é claro, como 'Pai da Nação Turca".

É extraordinário como Atatürk fez de Gallipoli, perto da histórica cidade de Troy, um lugar onde as forças aliadas foram derrotados de forma desonrosa, um centro de peregrinação para turistas australianos e neozelandeses. Distribuiu terra gratuitamente a todos os países para que pudessem homenagear os seus mortos em combate. Quando visitei Gallipoli recentemente, fiquei impressionado com a enorme placa nas margens de Gallipoli citando as palavras reconfortantes, sagazes e estadistas de Atatürk:

"Aqueles heróis que derramaram o seu sangue e perderam as suas vidas (nas batalhas de Gallipoli)... Estão agora deitados no solo de um país amigável. Portanto, descansem em paz. Para nós, não há diferença entre os Johnnies e os Mehmets onde se encontram, lado a lado, aqui neste nosso país... Vós, as mães que enviaram os vossos filhos de países longínquos, enxuguem as vossas lágrimas. Os vossos filhos estão agora a viver no nosso seio e estão em paz. Tendo perdido as suas vidas nesta terra, tornaram-se nossos filhos também".

Atatürk também tem sido referido como «o Lobo Cinzento" que, na mitologia pagã turca, simboliza coragem, força e agilidade.

Pontos de Reflexão

Coragem, determinação e integridade são pontos fortes de caráter que vêm de dentro de nós. Uma pessoa tímida pode ter dificuldade em se afirmar, mas quando vê alguém, mesmo que seja um estranho, a ser desnecessariamente intimidado ou um pobre cão a ser cruelmente espancado, não tem qualquer problema em os defender. Exatamente como Atatürk, que era considerado uma pessoa retraída e reservada pelos historiadores, mas não teve problema em levantar a voz em defesa dos seus compatriotas e ver o seu país transformar-se numa república moderna, democrática e secular.

Os introvertidos agem principalmente por convicção ou quando têm uma causa. A sua causa pode não ser tão grande quanto a de Atatürk, mas deve identificar uma, não importa quão pequena ela seja. Também foi observado que os introvertidos têm a sua própria bússola interna e permanecem fiéis aos seus valores internos. Isto significa que enquanto pessoa retraída que é, muito provavelmente permanecerá fiel às suas palavras, fazendo com que se torne confiável aos olhos dos seus seguidores. Tal como os turcos acreditaram na ideologia de Atatürk e estiveram dispostos a fazer qualquer sacrifício para ajudar a realizá-los.

Todos temos um lobo cinzento dentro de nós. O nosso objetivo deve ser encontrá-lo e libertar o seu poder.

A vitória é para aqueles que podem dizer "A vitória é minha". O sucesso é para quem pode começar por dizer "Eu vou conseguir" e no fim dizer "Eu consegui.

"Mustafa Kemal Ataturk", Primeiro Presidente da República Turca

Capítulo 4: O Leão Corajoso

———

R LM era uma menina envergonhada e tímida que vivia tranquilamente em Montgomery, Alabama, EUA, onde, no início de 1950, a segregação era aberta e brutalmente praticada. A discriminação racial resultando em violência e morte era habitual. Havia gangues brancos famosos, como o Ku Klux Clan, que costumavam caçar e matar os negros sem qualquer hesitação ou remorso. RLM viu uma vez o seu avô em frente da porta da casa com uma espingarda carregada, porque tinha acabado de ver alguns membros Klan marcharem pela rua abaixo e temia que eles pudessem atacar os membros da sua família ou incendiar a sua casa. Esta foi uma experiência bastante assustadora para esta pequena menina.

RLM podia frequentar apenas as escolas segregadas. Até os autocarros escolares estavam disponíveis apenas para os alunos brancos. Os estudantes negros costumavam ir a pé para a escola.

Nos outros autocarros urbanos, os negros tinham que se sentar virados para a parte traseira e se a parte reservada aos brancos estivesse lotada, os negros tinham que ir mais para trás. Os motoristas dos autocarros tinham "poderes de oficial de polícia da cidade, enquanto responsáveis por qualquer autocarro para efeitos do cumprimento das disposições" do Código de prescrição de segregação da Cidade de Montgomery.

Os motoristas dos autocarros costumavam cumprir este regulamento, colocando um marcador aproximadamente a meio do autocarro separando os passageiros, sentando os brancos na frente e os afro-americanos na parte de trás. Os negros tinham de pagar a tarifa na frente do autocarro, como toda a gente, mas, depois, tinham que sair e voltar a entrar pela porta de trás para ocupar os lugares que lhes estavam especificamente reservados. Às vezes, o autocarro arrancava antes que a pessoa negra tivesse oportunidade de entrar no autocarro pela porta de trás!

Se os assentos da frente do autocarro fossem ocupados e mais passageiros brancos entrassem, o motorista movia para trás o sinal separador de passageiros pretos e brancos e, se necessário, pedia aos passageiros negros para se levantarem dos seus lugares. Todas as pessoas negras, incluindo RLM, conheciam estas regras e tinham que se habituar a ser tratadas como cidadãos de segunda classe.

Entretanto, RLM entrou para a "Associação Nacional para o Progresso das Pessoas de Cor" (NAACP) e passou a envolver-se ativamente em questões sobre direito civil. Em breve foi escolhida para ser a líder da juventude da NAACP de Montgomery, assim como secretária do Presidente da NAACP, E. D. Nixon.

No dia 1 de dezembro de 1955, depois de um dia de árduo trabalho, RLM queria simplesmente voltar para casa o mais rapidamente possível. Estava à espera do autocarro na paragem, cansada e esgotada. Quando o autocarro finalmente chegou, pagou o bilhete e sentou-se num banco traseiro. Então, como a seção de brancos tivesse ficado repleta, o motorista pediu a quatro negros, ela incluída, para desocupar os seus lugares.

"Vocês aí, é melhor suavizarem as coisas e levantarem-se desses lugares", exigiu o motorista do autocarro.

Três negros cumpriram a ordem imediatamente, mas RLM manteve-se sentada.

"Porque é que não se levanta?", perguntou o motorista do autocarro.

"Acho que não tenho de me levantar", disse RLM. Ela tinha enfrentado a discriminação durante toda a sua vida e de repente reuniu coragem para dizer basta.

"Bem, se não se levantar, vou ter que chamar a polícia e mandá-la prender," ameaçou o motorista do autocarro.

"Pode fazer isso", disse RLM sabendo perfeitamente o que poderia acontecer de seguida.

RLM não estava a ser violenta ou temperamental. No entanto, quando a polícia chegou prendeu-a por violação do Capítulo 6, Seção 11, do Código da Cidade de Montgomery. Foi levada para a sede da polícia onde, mais tarde, foi libertada sob fiança.

O desafio tranquilo de RLM criou bastante burburinho naquela pequena cidade. Na noite da sua prisão, o comité local da NAACP, com o qual RLM estava envolvida, reuniu-se para pensar sobre os próximos passos a dar. Então, formaram a Montgomery Improvement Association (MIA), elegendo o recém-chegado a Montgomery, Dr. Martin Luther King Jr., como seu líder. Na sua primeira ação, a MIA pediu o boicote aos autocarros da cidade. Os negros eram encorajados a ficar em casa ou apanhar um táxi para ir para o emprego.

Em 5 de dezembro de 1955, quando RLM chegou ao tribunal, foi saudada por uma multidão de 500 apoiantes locais. Sem se mostrar impressionado, o tribunal considerou RLM culpada e multou-a em 10 dólares, acrescida de mais 4 dólares de custos judiciais. Entretanto, os autocarros da cidade circulavam, em grande parte, vazios naquele dia. Porque o boicote continuou, dezenas de autocarros acabaram por ficar parados. Como os negros constituíam 2/3 dos passageiros, esta ação provocou uma enorme crise financeira à empresa de transporte.

A reação dos brancos foi rápida e violenta. Algumas igrejas de negros foram atacadas e queimadas. Algumas casas de líderes da comunidade negra, incluindo a de Nixon e do Dr. Martin Luther King Jr., foram atacadas à bomba e destruídas. A cobertura de seguro para o sistema de táxis usado pelos negros para se transportarem foi cancelada. Muitos negros foram presos por terem organizado o boicote.

Esta situação dividiu acentuadamente as duas comunidades. Foi então formada uma equipa jurídica negra para desafiar formalmente a questão da segregação no transporte público, no tribunal distrital local. Em junho de 1956, este tribunal declarou as leis de segregação racial (também conhecidas como "leis de Jim Crow") inconstitucionais. A cidade de Montgomery recorreu da decisão em tribunal, mas em 13 de Novembro de 1956, o Tribunal Supremo dos Estados Unidos confirmou a sentença de primeira instância, marcando um grande ponto de viragem na história da questão racial dos EUA.

O boicote durou um total de 381 dias e tornou-se num dos maiores e mais bem-sucedidos movimentos de massa contra a

segregação racial na história dos EUA. Com a empresa de autocarros e as empresas da cidade a sofrerem perdas financeiras
e tendo contra ela a decisão judicial, a cidade de Montgomery
não teve outra opção senão abolir a política de segregação nos
autocarros públicos. O boicote terminou oficialmente pouco
depois, em 20 dezembro de 1956.

E, imaginem, tudo começou com uma senhora negra de pequena estatura, que não concordou em ceder o seu lugar a uma
pessoa branca. "O seu carater não só a motivou a tomar uma
posição, como lhe permitiu agitar a nação."

Mas, antes de tudo, ela precisou de coragem e determinação
para tomar a posição que tomou. Como mais tarde RML escreveu:

"Quando esse condutor branco caminhou na nossa direção,
quando acenou com a mão para irmos para trás e nos ordenou
para nos levantarmos dos nossos lugares, senti uma determinação a cobrir o meu corpo como uma manta de retalhos numa
noite fria de inverno."

A melhor parte desta forma de protesto é que foi espontânea,
pacífica e sem violência. Tal pode ser o poder da resistência si-
lenciosa.

Poderá pensar que esta história é boa demais para ser verdade.
Mas, caro amigo, a história é baseada em factos absolutamente
reais.

A senhora a quem me referi como RLM era **Rosa Louise Mc-
Cauley Parks** ou, de forma abreviada, **Rosa Parks**.

Embora mais tarde se tornasse um símbolo do movimento dos direitos civis, Rosa Parks sofreu enormes dificuldades nos meses que se seguiram à sua prisão. Perdeu o emprego e o marido foi demitido depois de o seu chefe o ter proibido de falar da sua esposa ou do processo judicial.

Incapaz de encontrar trabalho, o casal finalmente deixou Montgomery e mudou-se para Detroit, Michigan. Ali, Rosa encontrou outros empregos, incluindo trabalho como secretária e rececionista no gabinete do representante do congresso dos EUA, John Conyers.

Em 1987, Rosa fundou o Instituto para o Autodesenvolvimento Rosa e Raymond Parks.

Em 1992, publicou o livro "Rosa Parks: My Story", uma autobiografia contando a sua vida no segregado Sul dos EUA. Em 1995, publicou o livro "Quiet Strength".

Rosa Parks recebeu muitos elogios, incluindo a Medalha Spingarn, o maior prémio da NAACP, e o prestigiado Prémio Martin Luther King Jr.. Em 9 de setembro de 1996, o presidente Bill Clinton concedeu a Rosa a Medalha Presidencial da Liberdade. No ano seguinte foi premiada com a Medalha de Ouro do Congresso, a mais alta condecoração dada pelo Poder Legislativo dos Estados Unidos. Em 1999, a revista Time nomeou Rosa Parks na sua lista das "20 pessoas mais influentes do século 20".

Em 24 de outubro de 2005, com a idade de 92 anos, Rosa Parks faleceu no seu apartamento em Detroit, Michigan. A sua morte foi assinalada por vários serviços memoriais, entre eles o Capitólio Rotunda em Washington DC, onde esteve em exposição pública, estimando-se que 50.000 pessoas tivessem visto a sua urna. Rosa foi sepultada no Cemitério de Woodlawn de Detroit, no mausoléu da capela, que foi então renomeada como Capela da Liberdade de Rosa L. Parks.

No dia 4 de fevereiro de 2013, que teria sido o centésimo aniversário de Rosa Parks, foi emitido pelos dos Serviços Postais dos EUA um selo comemorativo ao qual foi dado o nome de "Rosa Parks Forever". Mais tarde, naquele mês, o presidente Barack Obama inaugurou uma estátua em homenagem a Parks, no edifício do Capitólio e relembrou-a com estas palavras:

"Num único momento, com o mais simples dos gestos, ela ajudou a mudar a América e a mudar o mundo... E hoje, ela toma o seu lugar por direito entre aqueles que moldaram o curso desta nação".

Pontos de Reflexão

Os líderes tímidos podem não bater na mesa assertivamente ou declarar em voz alta os seus planos para liderar. Uma simples atitude, como não desocupar o lugar, poderia ser motivo suficiente para desencadear uma revolução e forçar a sua organização ou comunidade a segui-lo.

E há mais uma coisa.

"Coragem tranquila" e "humildade radical' não significam que não possa ter a coragem de um leão.

Aprendi ao longo dos anos que quando se toma uma decisão o medo diminui; saber o que tem de ser feito faz desaparecer o medo.

"Rosa Parks"

Capítulo 5: Jesus Era introvertido?

―――

Como não sou cristão, costumava ficar bastante surpreendido quando alguns dos meus amigos introvertidos cristãos partilhavam os seus "sentimentos" sobre serem discriminados pela igreja devido à sua maneira de ser.

Quando vivi com eles durante três intensos anos numa residência para estudantes, gerido por uma organização católica em Londres, não sabia se deveria ou não acreditar neles. Mas agora, depois de ter feito algumas pesquisas sobre o tema, parece-me que algumas igrejas preferem a extroversão como um ideal e não se mostram muito complacentes para com os introvertidos. O pior é que por vezes eles vão para o extremo oposto e demonstram uma personalidade retraída como alguém que "carece de espiritualidade" e que "resiste a receber a mensagem de Deus'.

Uma pessoa que se envolve numa interação social intensa é vista como alguém que está mais perto de Deus, enquanto que os que procuram a solidão e se sentem esvaziados nos eventos de socialização são vistos como tendo falta de fé! Possivelmente, avaliando do ponto de vista de um "negócio", faria sentido 'recrutar' essas pessoas, que seriam superativas no coro, poderiam fazer com que mais pessoas participassem nas missas dominicais, poderiam angariar mais recursos para a manutenção e renovação da Igreja e assim por diante.

Vindo de uma cultura hindu-budista, onde a meditação e a autorreflexão (p. ex., passar tempo de qualidade consigo mesmo) são vistas como uma maior aproximação a Deus ou à verdade, fico algo surpreendido. Pergunto-me muitas vezes se a crença cristã está de alguma forma relacionada com a perceção popular de que Jesus era extrovertido.

Então, vamos examinar o mito um pouco mais de perto.

Sim, supostamente Jesus falava com eloquência e passava muito tempo a conhecer novas pessoas e a obter seguidores, o que é reconhecidamente um tipo de comportamento "não-introvertido". Mas, em face disto, podemos concluir que, dado que Jesus era o único Filho de Deus, Deus deve preferir a extroversão em detrimento da introversão?

Antes de continuar a provar que Jesus talvez tivesse sido introvertido, gostaria de compartilhar algumas pesquisas psiquiátricas que podem ser relevantes para este tópico.

No teste de personalidade de Myer-Briggs (um teste psicométrico que classifica as pessoas num dos seus 16 perfis), há um tipo de personalidade introvertida referido como 'INFJ'. Vamos esquecer os aspetos mais técnicos, mas, se procurar no Google por 'personalidade INFJ', é isto que irá encontrar:

*As pessoas com o tipo de personalidade INFJ são **intensas** e perfeccionistas. Têm **perceções profundas** sobre muitos aspetos da vida e, geralmente, têm padrões muito elevados para a sua própria compreensão e realizações, bem como para as dos outros. São **orientadas para o serviço e a empatia** para com os outros indivíduos... Geralmente inteligentes e capazes de se concentrar e focar, os INFJ podem, normalmente, compreender ideias e conceitos difíceis... Podem atingir um nível de compreensão que os faz parecer* *sábios. O perfecionismo e idealismo dos INFJ, quando combina-dos com a sua empatia e preocupação genuína para com os outros, podem levá-los, de algum modo, a ser **verdadeiros servos** para as pessoas.*

Isto parece-se um pouco com o que Jesus foi? Não tem a certeza?

Então vamos começar a partir do momento em que Jesus tinha 12 anos de idade. Há uma história na Bíblia em que refere o de-saparecimento de Jesus e o seu aparecimento, no templo, três dias depois. O que estava ele a fazer lá?

"... Sentado entre os mestres, escutando-os e fazendo-lhes pergun-tas." (Lucas 2:46).

Observe que Jesus não estava a brincar com os outros meninos da sua idade e não tinha medo de estar sozinho. O que estava a fazer não parece ser de uma pessoa "extrovertida".

Na verdade, tal como um introvertido típico (a propósito, in-trovertidos preferem debates intensos ao invés de conversas ba-nais), Jesus foi visto a envolver-se em discussões filosóficas e teológicas sérias com adultos. Essas não eram conversas banais às quais os extrovertidos são geralmente muito afeiçoados.

Jesus também estava a ouvir e a fazer perguntas, uma competên-cia que ocorre naturalmente nos introvertidos. Então, se Jesus fosse uma pessoa extrovertida, seria mais provável que brincasse com outros meninos e apenas conversasse com alguns adultos.

O relato de Lucas diz: "Todos os que O ouviam admiravam a Sua inteligência e respostas" (versículo 47). Assim, parece que

Jesus, como qualquer bom INFJ, demonstrava ter um nível mais profundo de entendimento, o que o fazia parecer mais sábio do que os outros meninos da sua idade.

Através da Bíblia, Jesus é retratado como sendo de uma "natureza séria". Por exemplo, nunca se ria! Passou 40 dias no deserto. Na verdade, se por acaso tem amigos extrovertidos, sabe que eles enlouqueceriam se fossem convidados a passar 40 dias sem socializar nem conhecer novas pessoas.

Jesus recolhia-se muitas vezes depois de se ter rodeado de pessoas. Algumas davam conta que ele sentia literalmente a energia (virtude) a esgotar-se quando era tocado pela multidão. Este sintoma poderia significar que as multidões o esgotavam, o que é uma característica típica do introvertido.

Lembremos que os INFJ tendem a ser gentis, carinhosos e compassivos, caraterísticas que descrevem Jesus perfeitamente. Jesus teve compaixão pelas multidões "porque estavam aflitas e desamparadas, como ovelhas sem pastor" (Mateus 9:36). Devido à Sua compaixão por eles, Ele curou as suas enfermidades (Mateus 14:14; 20:34), e porque tinham fome, Ele compassivamente criou comida suficiente para alimentar mais de 5.000 pessoas (Mateus 15:32).

Os INFJ também se consideram verdadeiros servos das pessoas. Jesus "não veio para Ser servido, mas para SERVIR" (Mc 10:45). A bondade e o altruísmo caraterizavam a sua personalidade.

Jesus também tinha um grupo restrito de amigos. Eram apenas 12 discípulos de entre todos os seus seguidores. Tal significa que Jesus preferia interagir com um grupo menor de amigos leais do que com uma grande multidão. Quando conhecia novas pessoas, o seu propósito era apenas espalhar a sua mensagem e não recarregar as baterias com conversas banais. A socialização tinha um propósito para Jesus, que era cumprir a sua missão. Não andava à procura de diversão como os nossos queridos colegas extrovertidos.

Os INFJ tendem a ter as suas próprias bússolas internas que lhes dizem o que é certo e o que é errado. Este sistema de valores interno pode, por vezes, ser bastante diferente dos valores morais que a comunidade, como um todo, estabelece.

Por exemplo, nos tempos de Jesus, uma mulher que se comprovasse ter cometido adultério teria de ser apedrejada até à morte. Mas a famosa citação de Jesus *"Aquele que de entre vós não tiver pecado, seja o primeiro a atirar-lhe uma pedra"* é um exemplo perfeito para estabelecer um padrão moral que é muito diferente do que a comunidade considera como moral.

Por fim, quando Jesus foi condenado à morte na cruz, não disse nada em sua defesa, e permaneceu em silêncio. Esta atitude é muito diferente da do seu discípulo mais extrovertido, Paulo, que, pelo menos, aproveita a oportunidade para pregar.

Então, Jesus era introvertido?

A Bíblia não dá um veredicto muito claro, por isso deixo esta resposta para o leitor. Mas há definitivamente algumas pistas muito fortes alusivas à introversão de Jesus. Algumas pessoas argumentam que Jesus era Deus e, portanto, não era uma pessoa introvertida nem extrovertida. Mas como todos sabem, Jesus era também uma pessoa real.

Curiosamente, os INFJ tendem a ser o mais raro dos raros tipos de personalidade. Considera-se que apenas cerca de 1 por cento da população no mundo pertence a esta categoria. E se por acaso Jesus tinha este tipo de personalidade, seria o mais raro dos raros, o suficiente para o tornar único e semelhante a Deus.

Em suma: não há razão para que qualquer cristão introvertido sinta que há algo de errado com ele.

Espero que este capítulo o tenha ajudado a sentir-se melhor consigo mesmo, no caso de já alguma vez ter sentido, enquanto pessoa retraída, que não era digno do amor de Deus.

Não deixeis que os vossos corações sejam perturbados. Credes em Deus; crede também em mim.

"Jesus Cristo"

Pontos de Reflexão

O que pode aprender sobre a liderança calma de Jesus?

Jesus começou com um grupo muito restrito de seguidores. No entanto, a religião cristã continua hoje a ser seguida por 33% da população mundial.

Obviamente, os seguidores de Jesus (alguns mais extrovertidos do que outros) ajudaram a espalhar a sua mensagem por todo o mundo. Então não será uma boa ideia influenciar um grupo restrito de pessoas (geralmente fácil de gerir para líderes retraídos) e deixá-los espalhar a sua influência?

A propósito, também é chamado de marketing boca-a-boca!

E sabei que Eu estarei sempre convosco até ao fim dos tempos.

"Jesus Cristo"

Capítulo 6: Liderando na Retaguarda para Resgatar Uma Nação Pária

―――

E ra previsível que viesse a acontecer há já muito tempo. Enquanto o Governo usava as suas forças contra os manifestantes, Madiba recusava-se a ser intimidado. Ele era incansável na liderança de um movimento contra o "Governo legitimamente eleito" que, inspirado por Gandhi, era, por princípio, não-violento. Assim, prenderam Madiba, condenaram-no por sedição e por conspirar para derrubar o Governo, tendo-lhe sida aplicada a pena de prisão perpétua.

Em 1962, Madiba foi transferido para uma ilha próxima, onde passou 27 anos da sua vida numa pequena cela de aproximadamente 2,10 x 2,75m. Todos os dias, juntamente com os outros prisioneiros, era levado para uma pedreira de calcário onde tinha que partir rochas com um pequeno martelo. A poeira da pedreira danificou-lhe os pulmões e os canais lacrimais. Em consequência destas lesões, Madiba não conseguia chorar, mesmo quando sentia vontade.

A pequena cela não tinha sanita e os presos tinham que usar uma caverna nas proximidades como casa de banho. Os guardas quase nunca se aproximavam da caverna por razões óbvias. Então Madiba transformou a caverna num ótimo lugar de aprendizagem e troca de informações. Algumas pessoas dizem que tiveram ali lugar as reuniões políticas mais importantes da época.

Com o passar dos anos, a mãe de Madiba morreu, em 1968, e seu filho mais velho Thembi, em 1969. Madiba não foi autorizado a assistir aos seus funerais.

Em 12 de agosto de 1988, foi diagnosticada tuberculose a Madiba. Depois de passar mais de três meses em dois hospitais, foi transferido, em 7 de dezembro de 1988, para uma casa na Prisão Victor Verster, onde passou mais 14 meses de detenção. Madiba foi finalmente libertado num domingo, dia 11 de fevereiro de 1990. Acredita-se que poderia ter sido libertado mais cedo se não tivesse tão teimosamente rejeitado pelo menos três ofertas de libertação condicional.

Em 1993, Madiba foi agraciado com o Prémio Nobel da Paz. Em 1994, foi eleito Presidente do Governo que tinha tentado derrubar durante toda a sua vida.

Quem era este Madiba e qual era a sua história? Vamos começar pelo princípio.

Madiba nasceu numa pequena aldeia chamada Myezo. Os seus pais costumavam contar-lhe histórias sobre a coragem e bravura mostrada pelos seus antepassados. Madiba desde a sua infância sonhava em deixar igualmente a sua marca no mundo.

Tinha como amigo do peito o filho do chefe tribal local, apesar de em alguns aspetos eles serem exatamente o oposto um do outro. O seu amigo era extrovertido, enquanto Madiba era um introvertido certificado. O seu companheiro gostava de brincadeiras alegres, mas Madiba era bastante sério e até um pouco entediante.

Como poderia ele dar qualquer contributo ao mundo quando não era, de forma alguma, tão expansivo quanto o seu amigo?

Madiba ficou muito impressionado com o rei tribal, Jongintaba. Costumava observar o modo como ele resolvia as disputas entre os homens. Quando Jogintaba realizava reuniões na sua corte, deixava toda a gente falar e expressar as suas opiniões. Somente quando tivessem acabado a sua exposição, é que o rei tribal tomava a palavra.

"O truque não é dizer às pessoas o que fazer, mas obter um consenso", costumava Jogintaba explicar a Madiba. Às vezes é melhor não entrar no debate demasiado cedo. Não devemos liderar sempre, mas deixarmo-nos guiar também.

"É uma forma inteligente, persuadir as pessoas a fazer as coisas e ao mesmo tempo fazê-las acreditar que a ideia foi unicamente delas", costumava Jogintaba dizer a Madiba. Nas tardes ociosas, quando Madiba costumava levar o gado para pastar, de repente ocorreu-lhe que se pode, de facto, conduzir o gado apenas a partir da retaguarda.

Enquanto residente do Instituto Clarkebury, Madiba costumava admirar o diretor de longe, mas raramente falava com ele. Nos tempos livres, adorava estar sozinho. A solidão proporcionou-lhe uma oportunidade para planear, pensar e preparar-se.

Madiba era, naturalmente, muito sensível e a sensibilidade é muitas vezes uma dádiva da introversão. Na escola, uma das suas colegas desistiu. Madiba tinha notado que ela era extraordinariamente inteligente. No entanto, não poderia continuar a sua educação porque os seus pais eram de parcos recursos. Percebeu então que não era a falta de capacidade que limitava os africanos, mas a falta de oportunidade.

Aos 19 anos, Madiba já se revia como uma pessoa destinada a ter um papel global.

"Comecei a sentir a minha identidade como Africano, não apenas como um Thembu ou até mesmo um Xhosa... Estava a começar a vislumbrar que o meu dever era o meu povo como um todo... Sentia que todas as correntes da minha vida me estavam a levar em direção... A um lugar onde as lealdades regionais e étnicas davam lugar a um propósito comum."

Enquanto trabalhava como assistente jurídico, Madiba lentamente começou a envolver-se com o Congresso Nacional para os negros. No entanto, era demasiado tímido para participar.

"Fui para o partido, mais como observador do que como participante, porque acho que nunca falei. Queria entender as questões em discussão, avaliar os argumentos, ver o calibre dos homens envolvidos", disse Madiba para si mesmo.

Os anos da década de 1940 foram uma época difícil para os negros. A lei que impunha a segregação racial foi promulgada pelo partido no poder. A discriminação racial sempre existiu no país de Madiba desde que este se tornou uma colónia britânica, mas esta era a primeira vez que uma lei impondo a discriminação era aplicada. A legislação draconiana classificou a população de acordo com quatro grupos-raciais: "negros", "brancos", "de cor" e "índios" e, consequentemente, foram destinadas áreas residenciais separadas aos diferentes grupos.

Os negros foram então retirados à força das suas casas e colocados em bairros segregados. Cerca de 3,5 milhões de negros foram, assim, desenraizados no que é considerada como uma das maiores e mais brutais remoções em massa da história moderna. O governo foi mais longe e segregou tudo. As crianças negras não podiam estudar nas mesmas escolas que as crianças brancas. Os negros não tinham acesso às mesmas instalações médicas que os brancos. Não podiam beneficiar das mesmas praias, usar os mesmos transportes públicos e foram mesmo impedidos de participar nas equipas desportivas nacionais.

Para manifestar a sua discordância contra uma tal lei draconiana, o Congresso Nacional para os negros (do qual Madiba era membro) lançou uma campanha de desobediência civil em associação com o Congresso Indiano. Madiba e 19 outras pessoas foram presos e condenados a nove meses de trabalhos forçados.

Madiba inicialmente defendia a resistência não-violenta contra as leis de segregação racial. No entanto, começou a duvidar da eficácia dos protestos não-violentos ao estilo de Gandhi, quando o Governo branco matou brutalmente 69 pessoas desarmadas em 1960.

"Há muitas pessoas que sentem que é inútil e fútil continuarmos a falar de paz e não-violência contra um governo cuja resposta se resume a lançar ataques selvagens sobre um povo desarmado e indefeso", declarou.

Madiba ajudou então a fundar a ala militar do Congresso Nacional para os negros. Em consequência disto, foi preso em 1962 por sabotagem, traição e apoio ao comunismo, uma punição que poderia mesmo ser a pena de morte. Sem se preocupar com a sua vida, Madiba falou assim ao juiz branco:

Lutei contra o domínio branco e lutei contra o domínio negro. Tenho acalentado a ideia de uma sociedade democrática e livre, na qual todas as pessoas possam viver juntas, em harmonia e com oportunidades iguais... É um ideal pelo qual tenho esperança de viver e ver realizado. Mas, excelência, se necessário, é um ideal pelo qual estou disposto a morrer.

Na década de 1990, o cenário económico e político internacional tinha começado a mudar. A Guerra Fria tinha terminado e os EUA já não estavam interessados em apoiar regimes anticomunistas. As Nações Unidas tinham imposto inúmeras sanções económicas. Tumultos, protestos e manifestações tinham colocado uma enorme pressão no país de Madiba que, de qualquer modo, se tinha tornado um pária internacional.

Os anos foram passando. Madiba começou a tornar-se um símbolo da luta pela democracia. O Primeiro-ministro encetou conversações secretas com ele e ofereceu-se para o libertar com a condição de que desistisse das suas reivindicações pela democracia e igualdade. Mas Madiba recusou e escreveu uma carta desafiadora:

"Não posso e não vou assumir qualquer compromisso num momento em que eu e você, o povo, não somos livres. A sua liberdade e a minha não podem ser separadas! Eu voltarei...!"

O Primeiro-ministro teve de renunciar ao cargo pouco tempo depois, fundamentando-se na sua falta de eficácia para restaurar a lei e a ordem no país. O seu sucessor levantou a proibição ao Congresso Nacional para os negros e a outros partidos de libertação. O novo Primeiro-ministro mandou soltar prisioneiros políticos, incluindo Madiba, que foi também libertado em 1990.

"Enquanto eu saía pela porta e caminhava em direção ao portão que me levaria à liberdade, sabia que se não deixasse a minha amargura e o ódio para trás, ainda continuaria na prisão", escreveu Madiba.

Madiba estava a lutar por uma causa maior. Queria construir uma sociedade em que todas as pessoas fossem livres e vivessem em harmonia. Não guardava nenhuma amargura no coração. Estava disposto a perdoar o carcereiro e todos os outros que lhe tinham causado tanto sofrimento. O seu sorriso radiante tinha a energia para seduzir até mesmo os seus inimigos.

Se até agora ainda não adivinhou quem é Madiba nesta história, deixe-me revelar que não era outro senão o lendário Nelson Mandela. Mandela foi carinhosamente chamado Madiba. A sua nação foi a África do Sul e o partido com o qual ele trabalhava era o Congresso Nacional Africano (ANC), que referi como o Congresso Nacional para os negros na narração acima. Historiadores ferrenhos, por favor perdoem-me por tomar tais liberdades com a história sagrada da luta contra o apartheid.

As autoridades tinham proibido a publicação ou divulgação de escritos de Mandela. Quando foi finalmente libertado da prisão, em fevereiro de 1990, a maior parte das pessoas não tinha ideia de como ele era. E só isso contribuiu para o drama, quando foi libertado. Tal como uma transmissão ao vivo da BBC exultou naquele dia:

"E agora, o Sr. Mandela caminha através dos portões. É um homem livre a partir deste momento. Está a acenar os punhos no ar, está a sorrir. É uma figura com aspeto muito imponente, muito alerta, cabelos ligeiramente grisalhos, ereto, com a radiante Winnie Mandela ao seu lado. "

Da prisão, Nelson Mandela foi diretamente para a Câmara Municipal da Cidade do Cabo, onde se dirigiu a uma multidão delirante e aos gritos de cerca de 50.000 pessoas.

No seu discurso, em 1993, quando recebeu o Prémio Nobel da Paz, Nelson Mandela recordou que, tal como o contemplado anterior, Dr. Martin Luther King, tinha procurado:

"dar um contributo para uma justa solução das dicotomias de guerra e paz; violência e não-violência; racismo e dignidade humana; opressão e repressão e liberdade e direitos humanos."

Em 1994, Nelson Mandela fez história ao ser eleito como primeiro Presidente negro da África do Sul. Prometeu exercer apenas um mandato e, fiel à sua promessa, Nelson Mandela deixou o cargo de Presidente em 1999. Continuou a trabalhar com o Fundo Nelson Mandela para as Crianças, que fundou em 1995, e criou a Fundação Nelson Mandela e a Fundação Mandela Rhodes.

No seu discurso de tomada de posse como Presidente, em 10 de maio de 1994 Nelson Mandela disse:

"Nunca, nunca, nunca mais voltará esta bela terra a sentir a opressão de um pelo outro e sofrer a indignidade de ser a escumalha do mundo. O sol nunca se porá sobre tão gloriosa conquista humana. Vamos deixar que reine a liberdade. Que Deus abençoe a África."

Mandela morreu na sua casa, em Joanesburgo, no dia 5 de dezembro de 2013. O mundo ficou de luto. As pessoas lembraram os seus sacrifícios e o seu compromisso. Mostrou ao mundo o que é o perdão. Não detinha nenhuma amargura. Não procurava vingança. Não procurava glória pessoal.

Foi relembrado como um homem de dignidade tranquila, um homem com um sorriso radiante e um imenso mas humilde sentido de humor. Mandela foi saudado como um raro visionário que podia ver além das atuais lutas de sofrimento e de dor. Convenceu o mundo que um dia as partes boas da humanidade triunfariam sobre as partes más. Através do perdão e da reconciliação conseguiu mesmo trazer ao de cima o melhor nos seus inimigos. Não era perfeito e, no entanto, ao reconhecer as suas falhas tornou-se num homem ainda maior.

Pontos de Reflexão

Ninguém tem dúvidas de que Nelson Mandela foi um grande líder. Mas ele era também um introvertido. Na sua famosa biografia, "Long Walk to Freedom", Mandela reconheceu esse facto. Mas foi a sua introversão uma incapacidade?

Muito pelo contrário. Muitos psicólogos acreditam que foi a introversão que tornou Mandela um ser tão grandioso. O seu biógrafo, o falecido Anthony Sampson, pensava que lhe faltava uma espécie de "seriedade política" no início da sua carreira, mas não se apercebeu de "quanto aço estava por baixo da pele". O próprio Mandela reconheceu o facto de não ter um talento natural, mas compensava essa "lacuna" com a diligência e a disciplina. Esta é a força da timidez. Não é de admirar que os introvertidos como Mandela se tornem nos melhores líderes. Os introvertidos são mais percetivos das suas fraquezas e tendem a compensá-las com muita preparação e prática intensa.

Inicialmente, quando se juntou ao Congresso Nacional Africano, Mandela era demasiado tímido para participar nos eventos públicos. Mas, longe de ser uma desvantagem, a sua timidez e a sua poderosa capacidade de observação, na verdade, ajudaram-no a compreender as questões mais vastas, a avaliar os argumentos e a julgar a craveira dos seus colegas. Todas essas características ajudaram Mandela a tornar-se num líder natural.

Tem-se verificado que líderes introvertidos como Mandela investem bastante no desenvolvimento da sua autoconsciência. Mandela era agradavelmente humilde e tolerante. Nunca culpava os outros quando reparava na pobreza em que viviam as pessoas, mesmo depois de se tornar Presidente. O seu comportamento era muito diferente quando comparado com o estilo predominante de liderança que continua a ser egocêntrico, agressivo, interesseiro, com falta de empatia e muito rápido a culpar os outros.

Mais importante ainda, Mandela não acreditava em impor as suas próprias opiniões e juízos de valor sobre os outros. Tal como declarou:

É melhor liderar na retaguarda e colocar os outros na frente, especialmente quando se comemora a vitória pelas coisas boas que acontecem. Toma-se a linha da frente quando há perigo. Então as pessoas valorizarão a sua liderança.

"Nelson Mandela"

Capítulo 7: O Professor que fez parar Alexandre o Grande e Edificou um Império Gigantesco

No ano 300 a.C., há cerca de 2.300 anos, um menino nasceu numa família brâmane na Pataliputra, a famosa capital do Império Magadha no leste da Índia. Conta a história que o menino tinha o conjunto completo de 32 dentes desde o dia em que nasceu. Por veneração, foi dado ao rapaz o nome de Vishnugupta, em honra do Deus Vishnu, uma das Trindades no Panteão Hindu. Foi profetizado que o menino, um dia, seria um poderoso rei.

Mas na Índia antiga, era suposto que os brâmanes ensinassem ou realizassem ritos religiosos e não que governassem. Horrorizados com o pensamento blasfemo de o seu filho brâmane subir ao trono, acredita-se que os pais do pobre menino lhe partiram alguns dentes. Depois, terão feito os preparativos para o mandar para a distante Takhshashila, a cerca de 4.000 Km de distância.

Pataliputra era então governada pelo imperador Dhananada. O imperador era cruel, ganancioso e tinha apenas um motivo para governar: encher os cofres do tesouro a qualquer preço. Tinha tributado tudo, couros, madeira e até mesmo a pedra! As pessoas no seu reino estavam a ficar cada vez mais pobres, enquanto o imperador ficava cada vez mais rico.

O pai de Vishnugupta era um respeitado professor-sacerdote e decidiu expressar a sua discordância contra as políticas do imperador. Quando soube, o imperador não gostou e mandou-o prender. Na prisão, foi brutalmente torturado e depois assassinado. Na Índia antiga, matar um monge brâmane era considerado o maior dos pecados e uma forma de ir para o inferno. Mas, mesmo isto, não impediu o imperador de executar brutalmente o pai de Vishnugupta, apenas para aterrorizar todos os seus súbditos.

Profundamente perturbado, Vishnugupta, ao contrário do que fora planeado, foi enviado para a cidade do noroeste indiano, Takshashila (Taxila, no Paquistão de hoje), onde completou os estudos e conseguiu emprego como professor. Takshashila era uma célebre cidade universitária da Índia nos anos 300 a.C., tanto como o foram Oxford e Cambridge, 1500 anos mais tarde, na Inglaterra medieval. Príncipes dos territórios vizinhos vinham para Takshashila para aprender a arte da guerra e da política. Vishnugupta ensinava política, economia, etc. e era altamente considerado como o professor ideal pelos seus alunos.

Até então, a Índia estava a enfrentar outra séria ameaça vinda do Ocidente. Alexandre, o Grande, derrotou os persas e estava ansioso por invadir a Índia. Takshashila estava cheia de refugiados que fugiam desses ataques. Os seus relatos de assassinatos, incêndios e sequestros eram simplesmente angustiantes.

Uma noite, Vishnugupta sonhou que o seu povo tinha sido reduzido à escravidão e à miséria sob o domínio estrangeiro. Profundamente perturbado, Vishnugupta ponderou sobre as opções que poderia ter. A Índia era governada por muitos reis e príncipes, mas nenhum parecia ser capaz de a defender dos invasores gregos. Apenas uma Índia unificada sob o comando de um Rajrishi ou de um "forte rei santo" poderia proteger o seu povo e as fronteiras de ambas as ameaças, internas e externas.

Tal como Vishnugupta anotou:

"É chegada a hora de deixar a universidade. Os governantes se escrúpulos do país precisam de ser extirpados e há uma necessidade de fortalecer o país, económica e politicamente. O meu primeiro e principal dever é salvar o país dos invasores estrangeiros..."

O único império suficientemente forte para enfrentar Alexandre, o Grande, era a dinastia que governava Pataliputra. Dhanananda era o imperador mais poderoso da Índia naquele momento, mas era também quem tinha ordenado o brutal assassínio do pai de Vishnugupta. No entanto, no interesse da nação, Vishnugupta decidiu mudar-se para a sua cidade natal, para persuadir o imperador. Também queria encontrar-se com a sua mãe, que já não via há muitos anos.

O imperador tinha formado um comité de conselheiros. Era composto por especialistas, académicos e outras pessoas influentes de Pataliputra. Dado que Vishnugupta era um eminente professor da Universidade de Takshashila, não teve qualquer dificuldade em ser admitido na comissão.

Vishnugupta era brilhante, mas por vezes podia ser brutalmente franco. Também não era muito bonito, no sentido clássico. De facto, pouco comum para um brâmane, tinha uma compleição bastante escura e a tez bronzeada pela viajem de cerca de mil e quinhentos quilómetros que fizera de Takshashila até ali. Diz-se que quando se encontrou com o imperador pela primeira vez, este disse, no seu torpor de bebedeira, que tinha sentido nojo quando olhou para a sua "cara feia". A língua mordaz de Vishnugupta e a sua suprema confiança na sua própria análise dos problemas políticos não melhoraram em nada as coisas. Com o passar dos dias, o abismo entre Vishnugupta e o imperador acentuou-se.

Vishnugupta, como qualquer introvertido clássico, nunca poderia pôr-se a cantar louvores em honra do imperador. Falou em termos extremamente honestos e francos, sem fazer quaisquer concessões a eventuais considerações irrelevantes ou emocionais. O imperador não estava acostumado a este tipo de conversação direta. De qualquer modo, a ameaça distante de Alexandre, o Grande, não fazia qualquer sentido para ele.

Então, um dia, o imperador simplesmente perdeu a calma e ordenou aos seus soldados que pusessem o brâmane para fora da sua corte. Vishnugupta foi arrastado para fora fisicamente, com alguns soldados a agarrarem-no pela sua trança shikha, o único pedaço de cabelo existente na sua cabeça rapada, que todos os monges da Índia à China, e no Japão, usavam. Quando Vishnugupta foi empurrado para o chão empoeirado, o nó da sua shikha abriu-se.

Profundamente humilhado, Vishnugupta jurou vingar-se:

"Acha que não há ninguém que o questione? Removeu-me do lugar a que eu tenho direito e eu vou destroná-lo. E até que tal aconteça, não vou entrançar a minha shikha", declarou Vishnugupta.

No entanto, para este insignificante brâmane, esta tarefa era muito maior do que a sua vingança pessoal. Inicialmente parecia uma batalha impossível encontrar o imperador certo que pudesse unir toda a Índia e defendê-la dos invasores. Um governante cuja felicidade fosse a felicidade do seu povo. Um rei que tivesse uma visão nítida do que fazer e que não sucumbisse às tentações da luxúria, avareza, ira, orgulho, arrogância e excesso de entusiasmo. Um intelectual que aprendesse todos os dias. Um protetor que mantivesse os olhos abertos através dos seus espiões. Um cumpridor do dever que garantisse que as pessoas cumpriam as suas obrigações e que desse o exemplo através da sua liderança. Um disciplinador que se mantivesse longe das más companhias e se cercasse de conselheiros sábios e honestos. Por outras palavras, o sacerdote brâmane estava à procura de um Rajarishi ou "Rei Santo".

Parecia-lhe um ideal utópico. Será que este professor brâmane seria capaz de encontrar o seu "Rei Santo"? Seria ele capaz de substituir esse poderoso, no entanto, cruel imperador cujo império se estendia por quilómetros e quilómetros por toda a Índia e que comandava milhares de soldados de infantaria, cavalaria e elefantes? Parecia uma tarefa impossível.

Perdido em tais pensamentos, Vishnugupta vagueava pelas ruas de Pataliputra quando se deparou com um rapaz que estava a jogar ao 'Rei e súbditos' com os seus amigos. O rapaz fingia ser o rei enquanto os seus amigos faziam o papel de seus súbditos. Sentava-se numa pedra, que declarou ser o seu 'trono". Ouvia as discussões fictícias dos seus amigos para depois anunciar o seu "veredicto", dispensando a 'justiça". Tinha um rosto brilhante e gritava contra as práticas corruptas dos reis e dos seus ministros.

Vishnugupta ficou de imediato impressionado com a intelectualidade e sabedoria do rapaz. Para ele, o rapaz demonstrava ter
a maior parte das qualidades de um futuro "Rei Santo".

Enquanto caminhava de forma apressada em direção ao rapaz,
Vishnugupta tropeçou na erva e uma folha afiada cortou-lhe o
pé. Irritado e envergonhado, o professor brâmane inclinou-se
para arrancar aquela agressiva folha, mas estava tão profundamente entalada no corte que não a conseguia retirar.

Vishnugupta sentou-se, acalmou os nervos e tentou pensar
racionalmente. À distância, o rapaz olhava divertido para o brâmane. Vishnugupta tirou um pouco de açúcar do saco de pano
que levava consigo, adicionou-lhe água, mexeu até dissolver e
pôs este improvisado xarope de açúcar na erva. De repente, vindo do nada, um exército de formigas começou a mordiscar o
xarope de açúcar e ao mesmo tempo ia destruindo completamente a relva. A curiosidade do menino foi aumentando, até
que não se conteve e perguntou:

"Respeitado Brâmane, Senhor, essa era apenas erva vulgar. Então, por que a destruiu completamente?", perguntou o rapaz.

"Foi má e feriu-me sem qualquer motivo. Todas as coisas más
deveriam ser destruídas completamente, mesmo que sejam pequenas. Este é o dever de todos. Removeria até mesmo um rei,
se o rei fosse muito mau", aduziu Vishnugupta.

O rapaz, impressionado com o estranho conhecimento do
homem, caminhou até junto dele. Vishnugupta quis saber
quem ele era, os seus antecedentes familiares e o que exatamente o preocupava.

Respondeu o rapaz: "Senhor, o meu nome é Chandragupta. Mas porque se deveria incomodar com as minhas preocupações?"

Vishnugupta acalmou o rapaz e assegurou-lhe que podia contar-lhe tudo sobre as suas preocupações sem hesitação e que tentaria encontrar uma saída, se fosse possível.

Então, Chandragupta disse-lhe que a sua mãe se chamava Mura, que o seu pai fora brutalmente assassinado pelos soldados do imperador e que procurava vingança. Vishnugupta compreendeu que ele e o rapaz tinham um compromisso comum e que poderiam ambos começar a trabalhar para destruir o mesmo diabólico imperador.

Vishnugupta estava convencido de que Chandragupta tinha todas as qualidades para se tornar um imperador justo. No entanto, não era o momento oportuno. O rapaz tinha, antes de tudo, que ser treinado em todos os domínios, incluindo a arte de guerra e, seguidamente, a de governação. Precisava de se tornar física e intelectualmente capaz. Chandragupta foi, entretanto, um estudante ansioso e treinou durante quase sete anos até que se tornou num soldado maduro, bem como um deputado intelectual com alguma reputação.

O nordeste da Índia continuava a enfrentar as ameaças dos gregos. Vishnugupta passou anos a estudar as estratégias de Alexandre e as suas vulnerabilidades. Era chegada a hora de pôr as suas teorias em prática. Pouco depois, espalhou-se a notícia de que dois dos mais eficientes comandantes de Alexandre tinham sido assassinados. Havia rumores de que Chandragupta (a quem os historiadores gregos apelidavam de Sandrokotus) fora decisivo para levar a cabo esses assassinatos.

A este episódio seguiram-se uma série de misteriosos maus presságios como a repentina queima da bandeira grega ou a profanação dos seus símbolos religiosos. Tudo isto causou imenso descontentamento entre os soldados gregos que recusavam continuar a arriscar-se na Índia. Desanimado, Alexandre decidiu voltar e, finalmente, morreu na Babilónia. Acredita-se que os comandantes que ficaram a controlar os estados conquistados foram mortos ou desalojados por Chandragupta, um a um. Consequentemente, os gregos nunca mais conseguiram governar qualquer território que ficasse a leste de Indus.

Além dos gregos, uma parte do nordeste da Índia também era governada por um tirano local que se chamava Ambhi. Como era bastante impopular, Vishnugupta planeou desalojá-lo. Ele e Chandragupta uniram esforços para juntar todos os que estavam descontentes com o governo de Ambhi, fossem eles camponeses, soldados ou reinados vizinhos. Pouco depois, uma rebelião maciça estava preparada e Ambhi foi destronado com sucesso. Chandragupta tomou o poder da região e fez dela a sua base de expansão.

Como o nordeste da Índia estava de certa forma protegido, Vishnugupta e Chandragupta podiam agora dedicar as suas energias para tentar destruir Dhanananda (o imperador responsável por mandar matar os pais de ambos). Montaram uma série de ataques a Pataliputra mas todos falharam redondamente.

Certa vez, Vishnugupta cruzou-se com uma mãe que repreen-
dia o seu filho por ter escaldado os dedos, porque estava a tentar
comer do meio do prato em vez de o fazer a partir das orlas,
mais frias. De repente, ocorreu a Vishnugupta que também ele
estava a cometer exatamente o mesmo erro. Estava a atacar diretamente a capital e não a começar pela orla do império.

Revendo a sua estratégia, Chandragupta e Vishnugupta tra-
balharam no sentido de capturar pequenos territórios do império, um após outro. Depois de anos de guerra e derramamento de sangue, conseguiram, com êxito, destronar o imperador.
Dhanananda foi morto em batalha e Chandragupta foi coroa-
do como o novo rei. A Índia tinha finalmente o seu 'Rei Santo".

Terá já certamente adivinhado quem realmente era Vishnugupta na história. Na verdade, estou a referir-me a Chanakya, filho
de Chanak, que teria sido profetizado como um lendário criador de reis. Foi o único responsável por formar e orientar o
destino de três grandes reis: Chandragupta Maurya, o seu filho, Bindusara, e o neto, Ashoka. No seu tempo, quando a capital ficava em Pataliputra (na era moderna, Patna, em Bihar),
o império Maurya estendia-se até Cabul. Quando um massivo
exército grego liderado por Seleucus Nikaetar, um dos comandantes mais competentes de Alexandre, se atreveu a atacar os
Mauryans, foi derrotado tão severamente que Seleucus se ren-
deu e ofereceu a sua filha Helena em casamento a Chandragupta em troca da paz. Seleucus também destacou o seu embaixador Megasthenes para a corte de Chandragupta, cujo livro
"Indica" é um tesouro de informação da então Índia.

Chanakya escreveu 15 livros, os quais foram compilados e são conhecidos como Arthaśāstra, que literalmente significa um tratado sobre a arte de governar, a política económica e a estratégia militar. Roger Boesche descreve o Arthaśāstra como "um livro de realismo político, um livro que analisa como o mundo político funciona... Um livro que frequentemente revela a um rei que determinantes e, por vezes, brutais medidas devem ser tomadas para preservar o Estado e o bem-estar comum". Devido ao seu duro pragmatismo político, o Arthaśāstra tem várias vezes sido comparado ao livro "O Príncipe" de Nicolau Maquiavel.

Chanakya era também conhecido como Kautilya, o mestre da intriga. Em Arthaśāstra, fala abertamente sobre "Quando é que se justifica o uso da violência? Quando é vantajoso assassinar um inimigo? Quando é prudente matar opositores internos? Como se utilizam os agentes secretos? Quando é necessário sacrificar o próprio agente secreto? Como é que o rei pode usar mulheres e crianças como espiões e até assassinos? Quando é que uma nação deveria violar um tratado e invadir o seu vizinho? Em que casos deve o rei espiar o seu próprio povo? Como deveria um rei testar os seus ministros, até mesmo os membros da sua própria família, para ver se são dignos de confiança? Quando deve um rei matar um príncipe, o seu próprio filho, que é o herdeiro ao trono? Como é que se protege um rei de ser envenenado? Que precauções deve um rei tomar para não ser assassinado pela sua própria esposa? Quando é apropriado prender um desordeiro apenas sob suspeita? Quando é que a tortura se justifica?" Num dado momento, todos os leitores se questionarão: não existe nenhuma pergunta que Chanakya achasse imoral ou demasiado terrível para fazer num livro? Não, nenhuma. E é por isso que Chanakya foi o primeiro grande político realista e implacável".

Chanakya recomendava sete estratégias para lidar com as forças vizinhas, a saber:

Sāma - Pacificação, pacto de não-agressão

Dāna - Presente, suborno

Bheda - Dividir, partir, separar a oposição

Daṇḍa - Força, punição

Māyā - Ilusão, falsidade

Upekṣā - Ignorar o inimigo

Indrajāla - Fingir ter força militar

Pode algum método de trabalho moderno sobre a diplomacia melhorar estas estratégias? Pode uma pessoa retraída usar também estas brutais sugestões práticas para combater adversários, intriguistas, brutamontes e sabotadores com quem nos cruzamos em todas as esferas da vida?

Chanakya certamente acenaria afirmativamente com a cabeça. Não é de admirar que o seu tratado seja considerado relevante mesmo nos dias de hoje!

A Índia moderna homenageou o legado de Chanakya ao nomear o enclave diplomático em Nova Deli, onde todas as embaixadas estão localizadas, como Chanakyapuri ou a cidade de Chanakya. Existe também uma rua importante nesta zona à qual foi dado o nome de Kautilya Marg.

Pontos de Reflexão

Sabia que os introvertidos são menos sensíveis às recompensas do que os seus homólogos extrovertidos? Tal significa que os introvertidos são menos propensos a liderar por causa do poder, dinheiro ou fama, mas é mais provável que ajam por convicção, paixão ou dever moral. Tem-se observado que os introvertidos são mais eficazes a controlar os seus sentimentos ou desejos. Isto encaixa-se perfeitamente no conceito de Chanakya sobre o que era um Rei Santo.

Um Rei, ou um líder, deve manter os seus desejos sob controlo e não deve sucumbir à luxúria, ira, ganância, orgulho, arrogância ou excesso de confiança. Manter os desejos sob controlo é um estado natural para os introvertidos.

Depois, um Rei, ou um líder, deve fazer um esforço para aprender todos os dias. Os introvertidos são autodidatas naturais. O nosso cérebro fica muito feliz quando estamos constantemente a aprender algo de novo. Desta forma estamos sempre em comunicação.

O único desafio que os introvertidos enfrentam é o de conseguirem rodear-se das pessoas certas. Mas os introvertidos também têm uma perceção instintiva altamente desenvolvida. Tal como Chanakya, que viu um rapaz a atuar como um rei e percebeu com muita precisão que ele tinha potencial para se tornar num imperador na vida real.

O seu desafio pode ou não ser tão grande quanto substituir um tirano ao comando de milhares de soldados de infantaria, cavalaria e elefantes, mas deve fazer um esforço para aprender com os seus erros. Chanakya fez alguns, como, por exemplo, atacar o núcleo do império, mas rapidamente aprendeu, ajustou e corrigiu os seus erros.

Assim, tal como o grande Chanakya recomendaria, *"Desperte o Rei Santo que há dentro de si"*.

Os introvertidos podem ser criticados por pensar demasiado e analisarem excessivamente, mas isso é exatamente o que encoraja Chanakya a agir. Veja mais abaixo o que ele escreveu no século 3 a.C., e quão relevante o conselho é ainda hoje:

*Antes de iniciar qualquer trabalho, faça sempre a si mesmo três perguntas - Porque é que estou a fazer isto? Quais os resultados que poderei obter? Será que terei sucesso? Apenas quando **pensar profundamente** e encontrar respostas satisfatórias para estas questões deverá então seguir em frente.*

"Chanakya"

Capítulo 8: O Líder Retraído que recusou ser Rei

————

George era um fazendeiro moderadamente próspero nos anos de 1700, numa altura em que a sua nação era governada por imperialistas. Os seus estudos não iam além do ensino básico. No entanto, tinha uma capacidade incrível para os números, o que lhe permitiu obter um emprego de inspetor aos 16 anos de idade.

George perdeu o seu pai quando tinha apenas 11 anos, mas foi devidamente criado pela sua mãe Mary, que era uma mulher forte e dedicada. Para ele, a sua mãe era a mulher mais bonita do mundo. Atribuía-lhe todo o sucesso que teve na vida, e toda a educação moral, intelectual e física que lhe transmitira.

Desde a infância que George acreditava firmemente que devia assumir a responsabilidade dos seus atos. Tinha um temperamento ardente, mas controlava-o sempre com um notável autocontrolo. Qualquer que fosse a tarefa que se propusesse levar a cabo, garantia que a completaria independentemente dos obstáculos que surgissem e esperava o mesmo tipo de comportamento dos outros.

Outra característica estranha do caráter de George era que simplesmente não mentia! *É melhor não dar nenhuma desculpa do que uma desculpa esfarrapada,* disse George um dia. Acreditava que 99% dos fracassos se deviam ao facto de as pessoas terem o hábito de arranjar desculpas para tudo.

Como introvertido típico que era, George gostava de trabalhar sozinho. Certa vez, disse que era melhor estar sozinho do que mal acompanhado. Era também penosamente modesto, tanto assim que dizia ter 1,80m de altura, quando na realidade media quase 1,90m!

George adorava assistir a peças de teatro, as quais tinham profundas influências no seu caráter. Exemplo disso foi uma determinada peça sobre o imperador romano Cincinnatus, que tinha sido um agricultor na Roma Antiga mas que fora forçado a abandonar as culturas, para liderar o exército contra os ferozes Ecuos, Sabinos e Volscos. Depois de ter conseguido salvar Roma, o Senado Romano invocou que continuasse como "Ditador", mas ele recusou-se e voltou para a agricultura.

Outra peça que afetou profundamente George foi o "Rei Patriota", peça popular, escrita pelo escritor Inglês Bolingbroke, na qual o rei guardava sempre num lugar cimeiro do coração o bem-estar do seu povo. No entanto, uma outra personagem que inspirou George foi "Cato", da peça de Addison, sobre um virtuoso romano. George viu a peça inúmeras vezes, chegando mesmo a memorizar algumas partes.

Tal como tinha acontecido nas personagens das peças a que assistiu, George também foi obrigado a pegar em armas e a liderar o seu exército como "Comandante Supremo" para expulsar os imperialistas do seu país. Não foi uma vitória fácil. Teve de prestar serviço nas forças da revolução durante quase oito anos e meio, sem remuneração. Como se tal não bastasse, teve que pagar aos soldados do seu próprio bolso.

George também teve que testemunhar a morte e a mutilação de muitos dos seus companheiros de armas, enquanto continuava a sofrer perdas financeiras pessoais adicionais, por não poder supervisionar as suas vastas fazendas por um tão longo período de tempo.

Para os seus compatriotas, tal provava, sem dúvida, não só que George era moralmente incorruptível, mas que, pessoalmente, não tinha nada a ganhar com a Revolução. Ele estava apenas empenhado na ideia de ver o seu país livre.

Depois das potências coloniais terem sido derrotadas, uma nação agradecida queria que se tornasse o seu Rei. No entanto, tal como o imperador romano Cincinnatus, George recusou-se a aceitar essa posição e voltou para a agricultura. Esta atitude fez com que muitas pessoas dissessem que "ele foi um dos poucos homens de toda a história do mundo que não se deixou levar pelo poder".

George teve uma visão de como a sua nação pós-colonial deveria ser. Apesar da sua limitada educação, acreditava firmemente que o conhecimento era a base mais segura para a felicidade de um povo. Estava também empenhado na ideia de liberdade. "Se a liberdade de expressão nos é retirada, então, mudos e silenciosos, podemos ser conduzidos como ovelhas para o matadouro", disse certa vez.

Era também sua convicção que a religião não formaria a base da sua nova nação. Desejava uma união forte, um governo escolhido pelo seu povo, uma constituição escrita (ao contrário da britânica), um Estado de direito, um executivo com poder para fazer cumprir a lei e uma força militar sob o comando de um governo civil. Apenas uma tal nação poderia manter os seus compatriotas livres e felizes muito depois de George ter partido.

As ideias de George agradaram tanto aos seus compatriotas que lhe foi pedido que voltasse, para presidir à Convenção onde as disposições Constitucionais tinham que ser debatidas e ratificadas. Enquanto os delegados argumentavam, George observava calmamente. Vestindo o seu velho uniforme militar, participou muito pouco nos debates, embora todos soubessem onde o seu apoio e influência assentavam. O seu papel era o de agir de forma apartidária e manter o decoro se as coisas se tornassem demasiado quentes. Em conversas particulares, defendeu uma rápida ratificação da Constituição.

Apesar das suas reticências, elegeram George para se tornar no primeiro Presidente da nova nação. Anteriormente tinha-se recusado a ser o Rei, mas não pode impedir que as pessoas o batizassem de "Pai da Nação". Tal era o fardo da preparação das instituições da sua nova nação que George se sentia como um condenado que se dirigia para o lugar de execução.

Como primeiro líder do seu país, tomou medidas para garantir que mantinha a confiança dos seus compatriotas. Manteve-se escrupulosamente dentro dos limites do seu poder, conforme descrito na Constituição que ele próprio tinha concebido. Procurou também o conselho e consentimento do poder legislativo para fazer nomeações para o seu gabinete e para a execução de tratados com governos estrangeiros. Também assegurou que não faria quaisquer nomeações unicamente com base no status social da pessoa ou de amizade pessoal. No entanto, como fora abençoado com uma enorme perspicácia, George conseguiu selecionar e designar as pessoas que possuíam melhores qualificações para executar os respetivos cargos.

Era visto como um líder enérgico pelo seu povo e não simplesmente como uma figura cerimonial. Era um chefe que se envolvia ativamente e que gostava de pedir a aprovação dos seus subordinados que, por sua vez, aceitavam a responsabilidade pessoal pela sua conduta.

Estava também empenhado na ideia de uma força militar sob o domínio de um governo democrático. Quando os seus oficiais ficaram irritados por não lhes ter sido pago o que lhes era devido e planeavam derrubar o governo democrático, George confrontou-os citando o seu próprio exemplo, de prestar serviço durante a Revolução por um período superior a oito anos e meio sem remuneração. Tal era a sua reputação de integridade, que conseguiu convencer os seus soldados a aceitar a submissão a um regime democrático. Relatos de testemunhas oculares referem que George usou a sua enfraquecida visão como exemplo, dizendo "Senhores, permitam-me que doe os meus óculos, pois eu tenho vindo a ficar não apenas grisalho, mas quase cego ao serviço do meu país".

Neste momento tenho a certeza que já terá adivinhado quem era este George descrito na narração acima.

Sim, trata-se do grande George Washington, Comandante-chefe do Exército Continental, Presidente da Convenção Constitucional, Primeiro Presidente dos Estados Unidos da América e o "Pai da Nação". Foi Presidente apenas durante dois mandatos de quatro anos cada e aposentou-se voluntariamente tendo ido depois viver para a sua fazenda em Mount Vernon. É incrível que as instituições e a precedência que ele então estabeleceu, incluindo o limite de dois mandatos para os presidentes norte-americanos, continuem em vigor duzentos anos após a sua morte.

Pontos de Reflexão

George Washington demonstrou alguns pontos fortes clássicos de líderes introvertidos. Diz-se frequentemente que os introvertidos são mais motivados por paixão ou por uma causa em que realmente acreditam do que por dinheiro ou poder. Quando os líderes introvertidos agem, fazem-no com um profundo sentido de compromisso e responsabilidade. Tal compromisso é exemplificado por Washington que lutou com os seus soldados na Revolução Americana, sem ser pago durante oito anos e meio.

Muitas pessoas também acreditam que um "Líder Retraído" é coisa que não existe. Um líder, por definição, retrata as suas crenças, convicções e eloquência para convencer os outros. O que as pessoas tendem a esquecer é que uma pessoa retraída também pode criar confiança sem recorrer à integridade. A construção da confiança leva tempo, mas a longo prazo as pessoas são mais propensas a seguir uma pessoa que promete e cumpre, do que uma pessoa que faz promessas com muita eloquência, mas cumpre pouco.

Ninguém duvidava da integridade de George Washington. Apesar de ter falado muito pouco publicamente, foi considerado "incorruptível" e a melhor pessoa para liderar os Estados Unidos da América. O Professor de História de Yale, Edmund Morgan, no seu livro "The Genius of George Washington", afirma que George era um génio na sua forma de entender e utilizar o poder, inclusive quando o deveria abandonar. Tal foi demonstrado quando, em 1786, não hesitou em renunciar ao cargo de Comandante-chefe do exército americano e se aposentou da política. As pessoas recordam-se como líderes militares bemsucedidos como Júlio César na Roma antiga, Oliver Cromwell na Inglaterra, e Napoleão Bonaparte na França, acharam a tentação do poder político irresistível. Neste contexto, a abdicação ao poder, sem precedentes, de George Washington (o que fez uma segunda vez quando recusou um terceiro mandato como presidente) foi amplamente elogiada. Esta é, no entanto, uma história bastante comum de muitos introvertidos que lideraram mais através das ações do que das palavras.

Os introvertidos são, muitas vezes, criticados por sonharem acordados. Mas uma grande visão também é um efeito colateral de sonhar acordado. Washington teve uma grande visão sobre como deveria ser a sua futura nação. O Dr. Glenn A. Phelps, professor de Ciência Política na Northern Arizona University, no seu excelente livro sobre George Washington, escreveu que os seus escritos "revelam uma visão clara, reflexiva, e notavelmente coerente do que esperava em que a república americana se tornasse". Acreditava firmemente que um governo secular democrático com um executivo e uma componente militar fortes iria manter o seu povo feliz e em paz e trabalhou arduamente para implementar esse sonho. Não era nem um escritor polido nem um orador fascinante. Não conseguia falar muito nas reuniões públicas e faltava-lhe o carisma de muitos dos seus sucessores. Nem sequer era particularmente afetuoso. No entanto, a sua visão compensou todas essas "falhas de caráter".

Todos os líderes introvertidos deveriam perceber que são dotados de poderes de visão e clarividência que os outros não têm. No entanto, para serem bem-sucedidos, têm que planear as medidas que precisam de tomar para implementar esse sonho e terem cuidado com as armadilhas que os possam impedir de o fazer.

Os introvertidos são muito intuitivos e dotados de grande poder de observação. Usam esse poder para escolher as pessoas mais adequadas para cada trabalho, tal como George Washington quando escolheu Thomas Jefferson, que era pró-francês, para ser seu secretário de estado e Alexander Hamilton, que era pró-britânico, para seu secretário do Tesouro. Nunca estavam de acordo em nada e era Washington quem tinha de se pronunciar sobre qualquer assunto que estivesse a ser asperamente combatido. Desta forma, usava o seu talento para conciliar diferentes pontos de vista e, neste sentido, era um político supremo.

Por isso, não fazia diferença que Washington não fosse um gigante intelectual, em linha com Benjamin Franklin, John Adams, ou James Madison. Foi um líder indiscutível não por causa da sua intelectualidade ou ideias, mas pelo seu caráter. Não foi uma surpresa, portanto, constatar que não tinha problemas em interagir com brilhantes filósofos, pensadores, escritores, oradores e organizadores, como Mason, Patrick Henry, Hamilton, Dickinson, o Randolphs e os Lees, quase todos com muito mais estudos do que ele.

Como introvertido, pode gostar de papéis e responsabilidades que sejam claramente definidos. É provável que espere dos outros a mesma responsabilidade que detém relativamente aos seus próprios deveres e responsabilidades. No caso de George Washington, tal significava a elaboração da Constituição Americana.

E no seu caso, o que é? Já pensou em estabelecer funções e responsabilidades claramente para que a sua organização funcione suavemente?

E, finalmente, todos os líderes precisam de tempo para provar o que são. Se as pessoas têm pouca fé na sua liderança introvertida, leve o tempo que quiser e seja persistente.

A perseverança e o espírito fizeram maravilhas em todas as eras.

"George Washington (1732 – 1799)"

Assim, hoje é o dia de honrarmos, é claro, os Presidentes, desde George Washington, que não conseguia dizer uma mentira, passando por George Bush, que não poderia dizer a verdade, até Bill Clinton, que não saberia dizer qual a diferença.

"Jay Leno"

Capítulo 9: O Retraído Sr. Light que Assumiu uma Superpotência e Ganhou

———

Decorria o ano de 1910 e o Vietname era ainda uma colónia francesa.

Numa história bastante comum, a extrema pobreza daquela zona do país forçou um jovem rapaz vietnamita a deixar o colégio sem obter o diploma. Magro, macilento, "como marfim", como era descrito por algumas pessoas, tentou a sua sorte como professor numa instituição privada, numa vila de pescadores de South Annam. A aventura não lhe correu tão bem quanto esperava.

Naquele tempo, ir para a Europa em busca de melhores oportunidades económicas era a ambição de todos os Vietnamitas fisicamente capazes. Então, o rapaz matriculou-se numa escola de comércio em Saigão, no ano de 1911, para aprender as funções de "ajudante de pasteleiro". Embora a pastelaria estrangeira não fosse apreciada no Vietname, esta especialização era muito procurada pelos europeus daquela época.

No entanto, só passados 10 extenuantes anos, em 1921, é que este jovem conseguiu partir do Vietname para trabalhar como ajudante de cozinheiro nas cozinhas europeias. Mal sabia o mundo que este frágil e tímido jovem Vietnamita viria um dia a desafiar a História e a mudar o rosto da sua nação.

Ninguém sabe o verdadeiro nome deste retraído rapaz. Mas o nome que adotou oficialmente significava "o portador da luz", em vietnamita. Então, vamos chamá-lo de Sr. Luz.

Os franceses eram, na época, quem governava o Vietname com mão de ferro. Exploravam os infelizes camponeses nas minas e nas plantações de borracha. A malária, a malnutrição e a disenteria foram catastróficas, tendo ceifado milhares de vidas.

O Sr. Luz andava triste por ver o sofrimento dos seus compatriotas. À primeira vista parecia ser tímido, gentil, compassivo e frágil. No entanto, havia um fogo dentro dele. Secretamente, tinha começado a acalentar um objetivo aparentemente impossível: ver os seus compatriotas livres e felizes.

O seu pai tinha, certa vez, cometido o erro de criticar abertamente o regime francês e, em resultado disso, perdido o emprego. A família tinha sofrido financeiramente e o seu pai fora forçado a trabalhar como um vulgar trabalhador, pago ao dia.

O Sr. Luz estava determinado a não repetir o erro do pai. Teve a sorte de receber alguma educação básica. E estava agora determinado a descobrir um mundo novo.

Trabalhou num transatlântico e visitou lugares em África, Inglaterra e nos Estados Unidos antes de se fixar em Paris. Cada experiência, boa, má ou feia, cada interação com colegas brancos fê-lo perceber apenas uma coisa: que tinha uma missão a cumprir. Aprendeu, para seu espanto, que o Vietname não era o único lugar no mundo que sofria às mãos dos colonialistas. Em África não era diferente.

Quando interagiu com os seus colegas brancos, as suas ilusões sobre a supremacia branca também desabou. Para ele, os marinheiros e cozinheiros da Grã-Bretanha, Cornualha, Paris e das ilhas Frísias eram tão analfabetos e supersticiosos como o mais atrasado dos produtores de arroz vietnamita.

O Sr. Luz era um leitor ávido. Devorou Shakespeare, Tolstoi, Marx e Zola. Era bastante fluente em inglês, chinês, francês, alemão e russo. Ficou muito impressionado com os Estados Unidos e gostou de ver como a América reivindicava ser a salvaguarda dos direitos e liberdades dos seus cidadãos. Ficou também profundamente inspirado por George Washington, primeiro presidente dos Estados Unidos. Mas, ao mesmo tempo, ficou desgostoso com as barbaridades e fealdade do capitalismo americano, os bandos do Ku Klux Klan e o linchamento de negros.

Dada a sua experiência na exploração francesa dos trabalhadores vietnamitas, chegou à conclusão de que *O capitalismo necessita de mão-de-obra barata. A razão pela qual as pessoas colonizadas são exploradas é porque tal mantém o custo de produção baixo! Ao explorar os trabalhadores estrangeiros o capitalista pode evitar a revolução em casa (fica com recursos para pagar mais aos seus próprios trabalhadores)! O capitalismo é o inimigo de todos os povos colonizados...*

Este foi o momento em que o Sr. Luz também passou a estar profundamente envolvido em várias associações que expressavam as opiniões das pessoas racialmente oprimidas, colonizadas e da classe trabalhadora. Também fundou um jornal que pediu o fim do colonialismo francês. Criou numerosos grupos revolucionários e também recebeu treino militar. Passou os 15 anos seguintes da sua vida a trabalhar para uma revolução no Vietname.

O tempo voou. Vinte anos depois teve início a Segunda Guerra Mundial. O Vietname foi ocupado por tropas japonesas que cometeram todos os tipos de atrocidades contra o povo vietnamita. Qualquer oposição ao domínio japonês era tratada com decapitações públicas. O Sr. Luz tomou isto como um desafio e uma oportunidade para criar uma força de guerrilha de 10.000 homens para lutar contra os japoneses nas selvas.

Os seus combates foram noticiados em todo o mundo e foi considerado como um aliado dos Estados Unidos da América contra os japoneses. Poucos anos depois, os japoneses renderam-se e as forças de guerrilha do Sr. Luz conquistaram Hanói. O imperador fantoche dos japoneses, Bao Dai, abdicou do trono e as forças aliadas pediram-lhe para formar governo.

Em 1945, declarou a independência da "República Democrática do Vietname". Queria adotar para o seu país o modelo dos Estados Unidos, uma nação que admirava profundamente pelo seu compromisso com a democracia e a liberdade. Lembrava-se de ter lido a declaração de independência americana, mas não conseguia lembrar-se da sua formulação exata. Tentou obter uma cópia através da missão militar norte-americana, mas sem sucesso. Finalmente, decidiu parafrasear a declaração Vietnamita tirada da sua própria lembrança, declarando:

"Todos os homens são criados iguais; são dotados pelo Criador de certos direitos inalienáveis; entre estes estão a vida, a liberdade e a procura da felicidade."

O Sr. Luz manteve o seu gosto pelas viagens e visitava as aldeias regularmente. Adorava conversar com as crianças das escolas e compartilhar os seus pensamentos com elas. Para ele, o seu povo era de extrema importância. Foi profundamente amado e admirado pelo seu povo, que muitas vezes se referiam a ele como "Tio".

No entanto, tudo iria mudar em breve. Os seus sonhos foram brutalmente destruídos quando, numa medida sem precedentes, os Estados Unidos e a Grã-Bretanha concordaram em deixar a França voltar a assumir o controlo do Vietname mais uma vez. Ainda tentou apelar aos Estados Unidos para a reversão de tal decisão, mas os seus pedidos foram ignorados. Tentou, inclusive, negociar um acordo de paz com os franceses, mas sem sucesso.

O Sr. Luz estava a fervilhar, mas não perdeu a esperança. Com a sua maneira de ser calma e forte como o aço, voltou a reunir o seu grupo heterogéneo de guerrilheiros e decidiu expulsar, pela força, os franceses do seu amado Vietname.

A tarefa parecia impossível. Durante as guerras de guerrilha aparentemente intermináveis, ele e os seus companheiros tiveram que se esconder em cavernas e nas montanhas para evitar as patrulhas francesas. Muitas vezes passavam fome ou sofriam de malária ou disenteria. Demorou sete anos até que, em 1954, numa proeza impossível de estratégia militar, o Sr. Luz levasse

40.000 combatentes com canhões pelas colinas acima, que apenas tinham trilhos de selva, e bombardeassem os franceses que se divertiam no vale logo abaixo, em Dien Bien Phu. Nenhum poder colonial branco teve uma derrota tão desonrosa.

Os franceses renderam-se resignadamente. Mas a sua expulsão alarmou os americanos, que começaram a ver um comunista debaixo de cada cama. Os Estados Unidos entraram então em cena, criando uma gigantesca missão militar em Saigão. A partir de 1964, milhares de tropas americanas foram enviadas para o Vietname do Sul para dividir o Vietname em duas partes, lutarem contra o Vietcongue liderado pelo Sr. Luz e bombardearem o Vietname do Norte.

O apoio incondicional dos Estados Unidos à França e ao colonialismo deixou o Sr. Luz horrorizado. Para ele, América era outro nome para liberdade. Um país que conquistou a independência depois de liderar uma revolução contra um poder colonial estava agora bizarramente a lutar para suprimir a independência de outros povos colonizados.

Disse ele certa vez ao Sr. Ashmore, ex-editor da Arkansas Gazette:

"Acho que conheço o povo americano... E não entendo como é que ele pode apoiar a participação da América nesta guerra. **Está a Estátua da Liberdade de pernas para o ar?**"

Entristecido pelo facto de que a América estava a apoiar uma causa injusta, mantinha ainda uma crença inabalável na sua capacidade para alcançar a vitória. Certa vez disse a um visitante francês:

Foram necessários oito anos de amarga luta para vos derrotar, franceses, e vocês conheciam o país e tinham aqui algumas velhas amizades. Agora, o regime sul-vietnamita está bem armado e tem a ajuda dos americanos... Os americanos são muito mais fortes do que os franceses, mas não nos conhecem tão bem. Portanto, talvez possa demorar 10 anos para o conseguir, mas os nossos heroicos compatriotas do Sul derrotá-los-ão no final.

A Guerra do Vietname foi-se arrastando até ao início de 1967, mas o Sr. Luz continuava confiante, tendo declarado:

"Estamos a lutar pela nossa independência há mais de 25 anos e, embora prezemos a paz, nunca renunciaremos à nossa independência para adquirir a paz com os Estados Unidos ou qualquer outra nação. Devem conhecer a nossa resolução. Nem mesmo com as vossas armas nucleares nos obrigarão a render-nos depois de tão longa e violenta luta pela independência do nosso país."

Os americanos eram implacáveis nos seus ataques. Em 1965, lançaram a Operação "Rolling Thunder" em que bombardearam o Vietname do Norte ininterruptamente durante três anos!

Colocaram os seus "Melhores e Mais inteligentes" para desenvolverem estratégias cada vez mais inovadoras. "Convocaram" obrigatoriamente os seus jovens para esta terrível guerra que estropiou e dilacerou gerações de americanos para toda a vida. Cada nova arma que inventavam era usada contra os pobres vietnamitas. Havia bombas que continham o mortal, agora proibido "Agente Laranja", que era utilizado para desnudar as árvores de forma a eliminar a cobertura florestal que os guerreiros do Sr. Luz usavam para se ocultarem. Quando já não havia mais nenhum lugar para se esconderem, os vietnamitas construíram elaborados túneis subterrâneos, mas continuaram a lutar.

Em 1966, os veteranos de guerra protestavam em todo o país contra a Guerra do Vietname. Em 1967, Martin Luther King apelidou os EUA de "o maior fornecedor de violência no mundo", e encorajou publicamente à desobediência civil e a uma fusão entre os grupos antiguerra e de direitos civis.

Foi incrível como o Sr. Luz conseguiu a ajuda dos russos e chineses, que eram inimigos acérrimos, a combater o seu inimigo comum, os norte-americanos. Mas estava a ficar velho. Aos 79 anos, a 2 de setembro de 1969, morreu de insuficiência cardíaca na sua casa em Hanói.

Os americanos não tinham até então sido totalmente expulsos do Vietname, mas o relógio estava a correr contra eles. O Sr. Luz tinha desencadeado forças que estavam imparáveis. Em apenas quatro anos, em 1973, expulsaram as últimas tropas americanas do Vietname.

O Sr. Luz tem sido muitas vezes referido como o George Washington do Vietname. Era um homem pequeno e de frágil aparência com um rosto comprido ascético, com um cavanhaque, bochechas afundadas e olhos luminosos. Foi amplamente difamado nos meios de comunicação ocidentais, sendo de esperar, pelas pessoas que o conheciam, que tivesse um ódio profundo pela cultura e povos ocidentais, e pelo modelo de vida americano. Curiosamente estavam enganados.

Um jornalista norte-americano certa vez descreveu-o como "cortês, civilizado, e um homem altamente sofisticado, com modos delicados e sem maldade". Não só impressionou os americanos, como também muitos líderes internacionais. Jawaharlal Nehru, o então primeiro-ministro da Índia, descreveu-o como "extraordinariamente afável e cordial".

Certa vez um orientalista francês achou que ele era um "revolucionário intransigente e incorruptível, *a la Saint Just*". Um comandante naval francês observou o magríssimo Sr. Luz durante três semanas e concluiu que para além de ser um homem inteligente e charmoso, era também um idealista apaixonado inteiramente devotado à causa que defendia.

Mais importante ainda, ele sempre teve no coração o bem-estar do seu povo. Podia ser visto trajando o seu desgastado uniforme caqui e sandálias, conversando alegremente com os camponeses e crianças sorridentes. Era a alma do seu povo.

Se até agora ainda não adivinhou a quem me tenho referido, o nome é Ho Chi Minh, o grande líder, revolucionário e arquiteto do Vietname moderno. Continua a ser uma lenda nos dias de hoje. O seu povo recusou-se a deixar apagar as memórias a ele associadas, estando o seu corpo embalsamado atualmente em exposição num mausoléu na Praça Ba Đình, em Hanói, apesar das suas instruções explícitas de que queria ser cremado.

Pontos de reflexão

O nome de Ho Chi Minh evoca emoções diferentes nas pessoas. Algumas admiram-no profundamente, enquanto outras o intitulam de charlatão. Uma das razões para tais apreciações pode ter a ver com o pouco que se sabe sobre a sua vida pessoal. Mudou o seu nome muitas vezes e também adotou pseudónimos enquanto viajava.

Outras criticam-no por ter sido comunista. Embora seja verdade que ele tivesse inclinações comunistas, no início de 1920 qualquer pessoa que tivesse visto os horrores da escravidão praticados pelos regimes capitalistas tinha noções românticas semelhantes sobre o comunismo. Tal persistiu até que os horrores de Stalin e do regime totalitário de Mao vieram a público. Enquanto isso, os regimes capitalistas também "melhoraram" através da introdução de forte leis laborais e exigência de salários mínimos, deixando de se assemelharem aos regimes da década de 1920.

No entanto, este livro não se destina a apoiar qualquer ideologia política. Escolhi Ho Chi Minh porque ele surgiu transversalmente como uma pessoa essencialmente introvertida, um líder muito resiliente e determinado, que trabalhava discretamente a maior parte do tempo quase sozinho, e sem qualquer retórica extravagante. É verdade que foi apoiado por Moscovo e Pequim, mas também não concordou com muitas das políticas do Partido Comunista soviético e chinês. Além disso, sempre usou a persuasão como técnica para influenciar membros do partido e, ao contrário de Stalin e Mao, nunca usou a força bruta.

Dito isto, o que podem as pessoas introvertidas aprender com Ho Chi Minh? Tinha ideais fortes, uma vontade inflexível, uma mente brilhante e agiu por convicção, todas estas características com que os introvertidos são naturalmente dotados. Foi elogiado tanto pela inteligência como pela bravura.

A determinação é uma força interior e não tem nada a ver com ser descontraído ou extrovertido. O que realmente admiro em Ho Chi Minh é a sua força de caráter. Apesar da sua fala suave e de ser visto como um "homem doce", era obstinado e lutou incansavelmente para ver o seu povo livre, uma ideia em que sempre acreditou. Não era um sonhador ocioso, mas alguém que foi capaz de tomar medidas concretas para materializar os seus objetivos e fazer com que tivessem um impacto positivo duradouro.

Os desafios não o assustavam. Assumiu uma superpotência e continuou, mesmo quando as suas probabilidades de sucesso eram ridiculamente minúsculas. Não tinha medo do tempo. Se ganhar a liberdade levasse 10, 20 ou mais anos ou para além da sua morte não o impediu de trabalhar para atingir o seu objetivo.

O mais importante é que foi decisivo e escrupulosamente honesto, que nunca usou a sua tremenda energia e iniciativa para ganho pessoal. Agiu com criatividade, imaginação, convicção e sensibilidade apenas para criar equilíbrio.

Creio que os líderes introvertidos podem aprender muito com ele.

Lembrem-se, a tempestade é uma boa oportunidade para o pinheiro e o cipreste mostrarem a sua força e a sua estabilidade.

"Ho Chi Minh"

Capítulo 10: O Anjo Discreto da Crimeia

———

Quando esta encantadora senhora vitoriana tinha apenas 17 anos, recebeu um pedido de casamento de um eminentemente "adequado" cavalheiro chamado Richard Monckton Milnes. Naquela época, esses pedidos não poderiam ser feitos no calor do momento. Tinham de ser aprovados e autorizados pelas famílias de ambos os lados, sendo depois o "pedido", na realidade, uma mera formalidade.

Imaginem o desconforto do pretendente, quando a senhora rejeitou a proposta extemporaneamente[1]. O motivo declarado foi que *enquanto ele a estimulava intelectual e romanticamente, a sua moral e natureza ativa exigiam satisfação, e isso não encontraria nesta vida.*

Quem era esta pessoa? Uma idiota ou uma santa? Para responder a isto, vamos viajar de novo, recuar um pouco na História.

Em 12 de Maio de 1820, na Inglaterra vitoriana, uma abastada família britânica foi abençoado com uma criança do sexo feminino. Quando a menina tinha já alguns anos de vida, exasperava toda a gente por se recusar a obedecer ao conceito do que uma mulher vitoriana ideal deveria ser. Naquele tempo, como Richard D. Altick afirma, *uma mulher era inferior ao homem em todos os aspetos, exceto no único que contava mais [para o homem]: a sua feminilidade... O seu lugar era em casa, num ver-*

---

1. http://www.linguee.pt/portugues-ingles/traducao/extemporaneamente.html

dadeiro pedestal se as condições assim o permitissem, e enfatica-mente fora do mundo dos negócios.

Consequentemente, a maioria das mulheres naquela época apenas pensava no casamento e servir os seus maridos, aprendendo a cozinhar, lavar, limpar e bordar. Era esperado da mulher ideal que fosse ociosa e ignorante.

No entanto, 'Noite', como iremos chamar a este pequeno anjo, tinha outros planos. Ela tinha um talento especial para os números e levou a matemática muito a sério. Isto chocou e escandalizou toda a gente ao seu redor. Ao contrário da sua mãe, que tinha muito orgulho em conviver com a elite, Noite, tal como uma introvertida típica, odiava ser o centro das atenções e tentava evitar os mexericos, na medida do possível.

Um dia, os pais levaram-na, e à sua irmã, numa viagem pela Europa. Enquanto os outros apreciavam os pontos turísticos, as paisagens e os cheiros dos lugares históricos ao redor, Noite tinha um diário onde tomava notas detalhadas sobre as estatísticas populacionais, hospitais e outras instituições de caridade!

Não tinha decorrido muito tempo após a viagem, quando Noite declarou ter recebido um "chamamento divino" para fazer a obra de Deus. Tinha então apenas 16 anos.

Esse chamamento era para que seguisse a vocação servil de enfermagem!

Portanto, não é de estranhar que, perante tal cenário, Noite se sentisse compelida a rejeitar o pedido de casamento do eminentemente "adequado" cavalheiro de uma nobre família.

A decisão de Noite chocou os seus pais. Na Inglaterra vitoriana, as enfermeiras eram geralmente pobres, sem qualificações e muitas vezes associadas a comportamentos imorais. Os hospitais tinham também a reputação de serem sujos, desordenados e um terreno fértil para infeções. Eram considerados mais como lugares para morrer do que lugares para recuperar a saúde.

Os pais tentaram o seu melhor para dissuadir a sua amada filha de assumir uma profissão "tão repugnante". No entanto, ela estava determinada a prosseguir a sua "vocação", independentemente do que os seus pais ou a sociedade em geral pensassem.

Começou a visitar hospitais em Paris, Roma e Londres. Finalmente, o pai cedeu em deixá-la fazer formação profissional de enfermagem na Alemanha. Em agosto de 1853, Noite tornou-se supervisora num hospital para mulheres em Harley Street, Londres.

A Guerra da Crimeia eclodiu naquele ano. O Império Britânico estava em guerra com a Rússia e com os otomanos. Muitos milhares de soldados britânicos foram enviados para o Mar Negro. Alguns milhares foram feridos e internados em hospitais militares. Noite recebeu uma carta de Sidney Herbert, Secretário de Estado da Guerra, pedindo-lhe para organizar uma equipa de enfermeiros para a Crimeia. Aceitou o desafio e rapidamente reuniu uma equipa de 38 enfermeiros voluntários de várias ordens religiosas. Aliás, aquela era a primeira vez que mulheres foram autorizadas a servir oficialmente no exército em qualquer competência.

Quando Noite e sua equipa de enfermeiros chegaram a um hospital militar em Scutari, perto de Istambul, na Turquia, ficaram horrorizadas com o que viram. O hospital estava localizado no topo de um esgoto que contaminava a água e o próprio edifício. Os soldados estavam a beber essa água contaminada. O chão tinha 2 a 3 cm de espessura de fezes. Soldados feridos estavam deitados nos seus próprios excrementos em macas. O edifício estava infestado de ratos e todo o tipo de insetos. Os médicos tinham falta de ligaduras e sabões, enquanto as baixas continuavam a amontoar-se. Os soldados morriam mais por causa da cólera do que por efeito das balas.

Noite começou imediatamente a trabalhar. Obteve centenas de esfregões e escovas e começou a limpar o chão, com a ajuda de outros enfermeiros e soldados que estavam capazes de executar a tarefa. Instituiu a "cozinha do inválido" onde comida específica era preparada para pacientes com necessidades dietéticas especiais. Construiu uma lavandaria para que os soldados pudessem ter roupa limpa. Mais importante, edificou uma sala de aulas e uma biblioteca para que os pacientes pudessem ser intelectualmente estimulados e de alguma forma desviados da sua dor e sofrimento. Como consequência do serviço dedicado e abnegado de Noite, a taxa de mortalidade do hospital foi reduzida em dois terços.

Mesmo durante a noite, quando nenhuma mulher deveria sair dos seus aposentos, Noite aventurava-se corajosamente, saindo com uma lanterna na mão, atendendo um paciente após outro. Os soldados, em pura gratidão, nomearam-na como a "Senhora da Lanterna".

Será que isto o faz lembrar de alguém?

Sim, a senhora era realmente a lendária Florence Nightingale.

Havia, naturalmente, um preço a ser pago para tal comportamento "imprudente". Em Scutari, contraiu a "febre da Crimeia" e nunca recuperou totalmente. No entanto, não permitiu que a febre a acorrentasse e continuou a cumprir os seus deveres de forma tão determinada e destemida quanto possível.

Florence escreveu um relatório de 830 páginas sobre as suas experiências na Crimeia. Segundo ela, a higiene, saneamento, ar fresco, iluminação adequada, uma boa dieta, calor, tranquilidade e atenção eram condições necessárias nos hospitais e deviam ser asseguradas por enfermeiros qualificados. Sendo hoje um dado adquirido, os seus conselhos de senso comum ajudaram a transformar os hospitais, passando de casas da morte, naquela época em que não existiam antibióticos, a santuários de cuidados. O seu relatório evocou emoções e uma Comissão Real para a Saúde do Exército foi fundada em 1857. O dirigente estatístico William Farr e John Sutherland da Comissão Sanitária ajudaram-na a analisar grandes quantidades de dados complexos do exército. A verdade que ela descobriu foi chocante - 16.000 das 18.000 mortes não foram devidas a ferimentos de batalha, mas causadas por doenças evitáveis, disseminadas pela falta de saneamento.

Florence regressou a Inglaterra tendo sido recebida como uma heroína. A Rainha Victoria, então Rainha de Inglaterra, recompensou-a com uma bolsa de 250.000 dólares.

Florence usou o dinheiro para continuar a sua missão de formar enfermeiros em Inglaterra. Através dos seus esforços, a Escola de Formação de Nightingale, em St. Thomas' Hospital, foi aberta em 1860. A formação dos recrutas envolvia um ano de instrução prática nas enfermarias, complementada com o trabalho de curso, e seguida de dois anos de experiência de trabalho no hospital. Após a conclusão do curso, muitos dos alunos foram exercer a profissão em hospitais britânicos. Outros difundiram o sistema de ensino de Nightingale noutros outros países.

Florence tornou-se uma figura pública admirada. As mulheres vitorianas aspiravam a ser como ela. A enfermagem deixou de ser vista como um trabalho humilde. Poemas, canções e peças de teatro foram escritos e a ela dedicados. Não gostava de ser o centro de atenções. Sempre que viajava, fazia-o sob um pseudónimo.

A residir em Mayfair, continuou a ser uma autoridade e defensora da reforma dos cuidados de saúde, entrevistando políticos e acolhendo os visitantes ilustres. O livro "Notas sobre Hospitais", que publicou em 1859, tornou-se rapidamente num clássico de introdução à enfermagem, e continuou a ser publicado até aos dias de hoje.

Florence Nightingale escreveu cerca de 200 livros, folhetos e relatórios sobre o hospital, saneamento, e outras questões relacionadas com a saúde. Embora doente e acamada durante grande parte da fase posterior da sua vida, Nightingale conseguiu continuar a sua grande obra através de correspondência.

Durante a Guerra Civil dos EUA, foi frequentemente consultada sobre como gerir hospitais de campanha. Foi ainda consultada sobre questões de saneamento público na Índia, tanto para militares como para civis, embora nunca tivesse estado na Índia.

Em 1908, com 88 anos de idade, foi agraciada com o Mérito de Honra pelo Rei Edward de Inglaterra.

Em agosto de 1910, Florence Nightingale adoeceu. Faleceu inesperadamente às 2:00h do dia 13 de agosto, na sua casa, em Londres. Respeitando os seus últimos desejos, os seus familiares recusaram um funeral nacional. A lendária "Senhora da Lanterna" foi discretamente sepultada no talhão do cemitério da sua família, na Igreja de St. Margaret, East Wellow, em Hampshire, Inglaterra.

Pontos de reflexão

Os psicólogos muitas vezes afirmam que os introvertidos agem por convicção e têm as suas próprias bússolas morais internas que lhes dizem o que é certo e o que é errado. Nada poderia provar isto melhor do que o exemplo de Florence Nightingale, que assumiu a profissão de enfermagem como um chamamento divino. Não se importou com o que os seus pais pensassem ou que a sociedade considerasse uma profissão repugnante que tocava as fronteiras da imoralidade. Simplesmente escutou o seu coração. E foi desta forma que esta menina discreta, tímida e desajeitada pode causar um enorme impacto nos sistemas hospitalares de todo o mundo, numa época em que não existiam antibióticos.

Se tiver que obter sucesso como líder introvertido, ouça o seu coração e ignore os falsos e arrogantes conselhos das outras pessoas.

Se já alguma vez sentiu que é demasiado tímido ou inábil para liderar, veja na frase abaixo o que Florence Nightingale disse um dia.

Atribuo o meu sucesso a isto: nunca dei ou arranjei qualquer desculpa.

"Florence Nightingale"

Capítulo 11: Um Deus Vivo vive exilado mas o mundo ainda se curva diante dele.

———

Tenzin estava deveras perturbado. Corria o verão de 1950, em Norbulingka, no Tibete, quando de repente sentiu a terra começar a mexer-se sob os seus pés. Enquanto as pessoas saíam das suas casas a correr para espaços abertos, Tenzin sentiu um mal-estar.

Este não era um simples terremoto: era um mau auspício.

Dois dias depois, Tenzin recebeu uma mensagem do Governador de Kham a informar que os soldados chineses tinham acabado de invadir um posto tibetano. Anteriormente, os comunistas chineses já tinham feito várias incursões transfronteiriças, tendo manifestado a intenção de libertar o Tibet das mãos dos "agressores imperialistas".

Tenzin não sabia exatamente a quem é que os chineses se referiam. Afinal, tinha apenas 15 anos. Sabia tão-somente que, com um exército de apenas 8.500 oficiais e soldados, os tibetanos não poderiam fazer frente ao vicioso Exército de Libertação Popular da China.

Nos finais de outubro de 1950, Tenzin recebeu a notícia de que um exército de 80.000 soldados chineses estava a marchar em direção a Lhasa. Desprovido de opções, o Governo tibetano decidiu consultar o Oráculo Nechung. O oráculo aproximou-se do lugar onde Tenzin estava sentado e colocou um "kata", lenço de seda branco, no seu colo pronunciando as palavras "thu-la bap", a sua hora chegou. No dia 17 de Novembro de 1950, Tenzin Gyatso foi oficialmente consagrado líder do Tibete, numa cerimónia realizada no Palácio Norbulingka. O jovem rapaz era agora o líder incontestável de seis milhões de pessoas.

Mas não havia nada para comemorar. A ameaça de uma guerra em grande escala estava a surgir no horizonte. Tenzin, depois de consultar os seus dois primeiros-ministros, decidiu enviar de imediato delegações aos EUA, Reino Unido, Índia e Nepal na esperança de persuadir estes países a intervirem a favor do Tibete. Outra delegação foi a Pequim, na esperança de negociar uma retirada das suas forças.

Nesse mesmo mês de novembro, o irmão mais velho de Tenzin, maltratado e ferido, chegou a Lhasa. Tenzin recordou:

"Assim que olhei para ele apercebi-me de imediato que tinha sofrido imensamente. Porque Amdo, a província onde ambos tínhamos nascido, e na qual se situa Kumbum, que fica encostada à China, tinha caído rapidamente e ficado sob o controlo dos comunistas. Foi mantido prisioneiro no seu mosteiro, enquanto os chineses se esforçavam por o doutrinar a nova forma de pensar comunista, tentando subvertê-lo. Tinham um plano que consistia em libertá-lo para ir a Lhasa, se ele se comprometesse a convencer-me a aceitar o domínio chinês. Se eu resistisse, ele deveria matar-me. Eles, então, recompensá-lo-iam."

O pior estava ainda por vir. Pouco tempo depois, Tenzin recebeu a notícia de que todas as suas delegações tinham regressado de mãos vazias. Era quase impossível acreditar que o governo britânico concordava agora que a China tivesse alguma reivindicação sobre o Tibete, porque Genghis Khan (a atual Mongólia) numa determinada época tinha invadido o Tibete! Tenzin ficou igualmente triste com a relutância dos Estados Unidos em os ajudar.

Obviamente, as duas guerras mundiais tinham enfraquecido de tal forma as potências ocidentais, que não estavam em posição de ajudar pessoas com nomes impronunciáveis numa distante região montanhosa dos Himalaias.

"Lembro-me de sentir uma grande tristeza quando percebi o que isto realmente significava: O Tibete deve preparar-se para enfrentar todo o poder da China Comunista sozinho."

Durante os nove anos seguintes, Tenzin tentou sempre evitar, de uma ou outra forma, a tomada de poder do Tibete pela China. Assumiu ele mesmo o risco de visitar a China no período de julho de 1954 a junho de 1955 para encetar negociações de paz e encontrou-se com Mao Zedong e outros líderes chineses, incluindo Chou Enlai, Zhu Teh e Deng Xiaoping. De novembro de 1956 a março de 1957, Tenzin visitou a Índia para participar nas celebrações dos 2.500 anos de Buddha Jayanti. Não havia o mínimo vislumbre de esperança vinda de onde quer que fosse.

Em 10 de março de 1959, o General Zhang Zhenwu da China comunista fez um convite aparentemente inocente ao líder tibetano para assistir a um espetáculo de teatro de um grupo de dança chinesa. O convite, no entanto, ia anexado com uma condição ominosa: Tenzin só poderia comparecer com guarda-costas desarmados.

Uma ansiedade aguda abateu-se sobre a população de Lhasa, porque sabia o que isto significava. Seguidamente, uma multidão de dezenas de milhares de tibetanos reuniram-se à volta do Palácio Norbulingka, determinados a travar qualquer ameaça à vida do seu jovem líder e impedir que Tenzin fosse ao espetáculo chinês.

Seguiram-se consultas impetuosas com assessores e oráculos. O conselho unânime foi de que deveria deixar o país, ou seria preso ou talvez morto. Com chineses por todo o lado, mantendo-se muito atentos aos acontecimentos em Lhasa, a probabilidade de uma fuga bem-sucedida configurava-se sombria.

Poucos minutos antes das dez horas do dia 17 de março de 1959, Tenzin disfarçou-se de soldado e esgueirou-se por entre a enorme multidão aglomerada à volta do seu palácio. Foram necessárias três longas semanas para que Tenzin e a sua comitiva chegassem à fronteira com a Índia (em 30 de março de 1959) de onde foram escoltados para Bomdila, uma cidade no estado indiano de Arunachal Pradesh. O governo indiano, chefiado por Nehru, então primeiro-ministro, muito graciosamente e correndo o risco de irritar a China, concordou em lhe conceder asilo político.

Enquanto isso, os tibetanos em Lhasa acabaram por perder a paciência e atacaram os chineses. A China esmagou a revolta tibetana com mão de ferro. Muitos milhares fugiram para a Índia para se juntarem a Tenzin, mas milhões foram massacrados. Milhares de mosteiros foram destruídos.

Tenzin perdeu tudo. No entanto, numa das suas entrevistas, disse: "Onde quer que se sinta feliz, poderá chamar a esse lugar de lar, e quem é gentil para consigo é como família sua. Perdi o meu país, mas tenho-me sentido feliz e em casa, no mundo em geral."

Tão breve quanto possível, Tenzin encontrou-se com Nehru e começou a fazer planos para a preservação da cultura e do património tibetanos na Índia. No entanto, a sua arma era agora diferente. Em vez de construir um exército para combater os chineses, escolheu "Quietude" como a sua arma, juntamente com "compaixão" e "bondade".

Lembre-se, "Quietude", juntamente com os seus irmãos "silêncio", "calma", "serenidade" e "tranquilidade" não são armas para os fracos, efeminados e passivos.

Apesar da situação financeira precária do Governo indiano, Tenzin conseguiu persuadir Nehru a suportar todas as despesas para a criação de escolas para as crianças tibetanas. Depois, criou um governo tibetano no exílio em Dharamshala (no Himachal Pradesh da Índia). Fundou muitas instituições, como o Instituto Tibetano de Artes, Instituto Central de Estudos Superiores Tibetanos, e até mesmo uma enorme biblioteca de Obras e Arquivos Tibetanos, que abriga mais de 80.000 manuscritos e recursos relativos à história tibetana, à política e à cultura. De facto, as povoações tibetanas em Mussoorie, Dharamshala e em muitos outros locais espalhados por toda a

Índia parecem tão autênticas que qualquer visitante se sente como se fosse transportado para o verdadeiro Tibet.

Tenzin decidiu transformar a luta pela causa tibetana numa guerra maior. Uma guerra contra os "conflitos violentos, destruição da natureza, pobreza, fome e assim por diante". Tenzin havia feito por merecer a atenção do mundo, que poderia agora associar-se às suas preocupações.

Tenzin foi galardoado com o Prémio Nobel da Paz em 1989. Os seus seguidores estavam agora em quase todos os países do mundo. Estrelas de cinema de Hollywood como Richard Gere, Harrison Ford, Sharon Stone e Goldie Hawn apoiavam a sua causa. Algumas tinham mesmo abraçado o budismo. O mundo ainda está com medo da China, mas não poderá continuar a ignorar a presença benigna de Tenzin Gyatso, e a sua voz calma da razão, contra as políticas chinesas de repressão e exploração no Tibete.

Será que a história lhe faz lembrar alguma coisa? Sim, estou realmente a falar de Sua Santidade, o 14º Dalai Lama.

Nesta fase, vale a pena aprofundar um pouco mais o passado deste Líder Tímido por excelência, simplesmente porque é uma história tão magicamente pitoresca.

Pela forma como os tibetanos deliram e se prostram diante do 14º Dalai Lama, pensar-se-ia que é uma realeza mas não o é. Na verdade, os seus pais eram comuns camponeses que apenas se sentiram abençoados por serem os progenitores da criança nascida no dia 6 de julho de 1935.

Também não tinham ideia de que o 13º Dalai Lama tinha morrido há dois anos e que o seu filho poderia encarnar o 14º Dalai Lama.

Existe uma elaborada cerimónia que é realizada para identificar o novo Dalai Lama. Primeiro, alguém de destaque na ordem monástica recebe uma "visão". Tal aconteceu quando um monge que meditava perto das águas do lago sagrado perto de Lhasa anteviu um mosteiro de três andares com um telhado azul-turquesa e ouro e um caminho que subia colina acima. Depois, viu uma pequena casa com caleiras de formato estranho. O monge estava convencido de que o seu sonho apontava para a localização da reencarnação de seu futuro líder espiritual. Uma expedição de busca foi então enviada para aquela região pelo governo tibetano.

A expedição em breve localizou o mosteiro de três andares com um telhado azul-turquesa. Conseguiram também encontrar a casa com as peculiares caleiras. A expedição não quis revelar o verdadeiro motivo da sua visita. Assim, as pessoas hospedaram-se no mosteiro e o líder do grupo passou um tempo considerável a observar o membro mais novo da família.

Curiosamente, Tenzin, de apenas dois anos de idade, reconheceu imediatamente o líder e chamou-o de "Sera lama, Sera lama". Sera era o nome do Mosteiro do líder. Intrigado, no dia seguinte, o líder trouxe com ele uma série de bens que pertenceram ao falecido 13º Dalai Lama, juntamente com vários itens semelhantes que não tinham pertencido ao líder espiritual.

Para espanto de todos, incluindo os perplexos pais do menino, Tenzin identificou corretamente esses pertences, dizendo: "É meu. É meu." O grupo estava convencido de que tinha encontrado a reencarnação de seu ex-líder espiritual. Tenzin foi levado para Lhasa e descreveu a sua separação dos pais como muito dolorosa.

A educação de Tenzin iniciou-se quando tinha seis anos de idade. Aos 15, foi consagrado como o 14º Dalai Lama. Quando tinha 25 anos, e no exílio, completou o doutoramento em Filosofia Budista.

Em julho de 2011, foi organizada uma palestra em West Lawn, Washington DC, sobre a paz mundial. Cerca de vinte mil pessoas tinham vindo para ouvir um homem calvo, de 76 anos de idade e que usava óculos de aros considerados bastante antiquados. O homem falava de uma forma pouco atrativa. Fazia muitas pausas enquanto discursava. Algumas das suas frases eram num Inglês macarrónico, uma indicação de que não era um orador nativo de inglês. No entanto, as pessoas ouviam-no com muita atenção. O rosto do orador brilhava e irradiava compaixão e bondade. As pessoas pareciam estar encantadas com a sua mera presença. O homem também sorria com frequência e acenava muitas vezes. As pessoas retribuíam o amistoso gesto acenando-lhe.

Naturalmente, esta pessoa não era um orador religioso comum. Era o 14º Dalai Lama, que andava incansavelmente em turné pelo mundo, galvanizando apoio à causa dos tibetanos, sem pedir a ninguém na plateia para abraçar o budismo. Foi comovente vê-lo fazer tudo isto sem qualquer rancor ou amargura.

As gargalhadas de Dalai Lama têm sido descritas como a sua arma mais eficaz. Isabel Hilton escreveu no jornal New Yorker, "É certamente uma gargalhada agradável. Os seus ombros erguem-se, a cabeça cai-lhe para trás, e balança na cadeira até que o riso passe. A gargalhada é um grande ponto final, que põe fim à continuidade das perguntas, à impertinência divergente e à hostilidade.

Dalai Lama tem-se reunido com líderes mundiais, tais como os presidentes dos Estados Unidos, da França e da Alemanha, os primeiros-ministros do Reino Unido, da Austrália e da Nova Zelândia, membros da realeza europeia, incluindo o príncipe Carlos e o Rei da Noruega, e líderes cívicos e religiosos, incluindo o Papa João Paulo II e o Bispo Desmond Tutu. Também discursou no Congresso dos Estados Unidos, no Parlamento Europeu e envolveu-se em muitos diálogos inter-religiosos e participou em discussões com cientistas ocidentais. Os desafios foram enormes. O Dalai Lama teve que falar com pessoas que não tinham ideia alguma do que era o Tibete, o budismo ou a sua mensagem de paz e não-violência. Assim, o Dalai Lama teve que se expressar de uma forma que fosse percebida como um apelo universal.

Não importa de que parte do mundo viemos, somos todos basicamente os mesmos seres humanos. Todos nós procuramos a felicidade e tentamos evitar o sofrimento. Temos, basicamente, as mesmas necessidades e preocupações. Todos nós, seres humanos, queremos a liberdade e o direito de determinar o nosso próprio destino como indivíduos e como povos. É esta a natureza humana..., disse Dalai Lama no seu famoso discurso na cerimónia em que recebeu o Prémio Nobel da Paz.

Diz-se que a mente do ocidental funciona de forma diferente da mente de um oriental. É dada mais importância à Lógica, Ciência, Razão, e até mesmo à Economia do que à religião e à tradição. "A meditação conduz a uma mente feliz" é um mantra considerado absurdo e uma charlatanice, mas se a ciência neurológica prova que "a meditação mental fortalece os circuitos neurológicos que acalmam uma parte do cérebro responsável pelo medo e pela raiva", então a mente ocidental começa a aceitar a asserção.

Dalai Lama falou na sua segunda língua, a qual apelava à mente ocidental. Inclusivamente, fez discursos sobre democracia, economia e negócios, liderança, ambiente e feminismo, tópicos que os ocidentais exaltam. Tal, requereu de sua parte uma extensiva preparação e compreensão das culturas estrangeiras.

Com convicção e persistência, este Líder Tímido, mesmo no exílio e longe da sua amada Lhasa e do Palácio Potala, tem sabido conquistar os corações e as mentes de milhões de pessoas. Ainda não conseguiu conquistar a liberdade para o seu povo mas, como dizem os budistas, nada é permanente neste mundo.

Pontos de Reflexão

Poder-se-ia dizer que o estilo de liderança de Dalai Lama é quase perfeito para introvertidos.

Para o Dalai Lama, o aspeto mais importante da liderança é ter uma mente pacífica. Mas o que é que uma mente pacífica tem a ver com liderança, podemos perguntar.

Uma mente pacífica bem treinada é importante para melhorar a qualidade dos pensamentos e diminuir os impulsos irracionais. Os pensamentos negativos, como a raiva, frustração, falta de autoconfiança, ambição e inveja prejudicam o processo de tomada de decisão.

A tranquilidade é o estado natural dos introvertidos. Também tem sido observado que os introvertidos não agem impulsivamente. No entanto, as pressões de trabalho do dia-a-dia podem dificultar a clareza do pensamento. Os budistas treinam as suas mentes através da meditação. Mas os introvertidos podem atingir um estado de paz, bastando apenas que passem algum tempo sozinhos (mesmo que não gostem de meditar). Quando estão sós, os introvertidos energizam-se, o que conduz a uma mente calma e positiva.

Os introvertidos são muitas vezes criticados por demorarem demasiado tempo a chegar a uma conclusão. Dizem-nos que o mundo se move sobre as asas da decisão rápida e da assunção de riscos. No entanto, o estilo de liderança de Dalai Lama incentiva os introvertidos a levar tempo a tomar as decisões corretas.

Para liderar, deve em primeiro lugar entender as razões para as suas ações. Depois, deve ser capaz de avaliar criticamente as suas implicações. Interrogue-se se a sua ação beneficia toda a gente ou apenas a si. Os introvertidos têm uma mente naturalmente analítica e esse tipo de pensamento pode ajudá-los a encontrar as soluções acertadas.

Se não gosta de grandes discursos, não tem necessariamente de os fazer, como prontamente concordaria Dalai Lama. Pode interrogar-se como poderá liderar discretamente se na realidade não consegue expressar-se. Mas não necessita de ter reuniões sempre. Demasiada formalidade pode de facto prejudicar a comunicação interpessoal.

De acordo com Dalai Lama, devemos praticar a interação de coração para coração. Tal significa que deve estar acessível. Mantenha as portas abertas e deixe que as pessoas lhe falem pessoalmente. Incentive também os seus colaboradores, clientes, acionistas e simpatizantes a compartilhar as suas opiniões consigo via e-mail ou por qualquer outro meio que considerem ser menos intimidante.

Finalmente, deve aprender a forma como Dalai Lama se prepara para qualquer evento e como tenta compreender o seu público-alvo. Ele sabe, por exemplo, que a sua audiência ocidental é diferente da audiência tibetana. Então, deliberadamente, mantém o budismo fora das discussões, não forçando as pessoas a abraçar essa doutrina. Em vez disso, concentra-se em negócios, economia, liderança, gestão, meio ambiente, democracia, feminismo ou qualquer outro assunto que agrade ao seu público.

Esta postura fez com que ele cativasse milhões de corações em todo o mundo.

No introvertido, esta preparação surge naturalmente. Use essa força para compreender o seu público-alvo e, depois, fale a sua língua.

Não tem necessidade de se mostrar agressivo ou ser bombástico.

Finalmente, se nada funcionar, seja persistente. A persistência surge naturalmente nos introvertidos. Ao proceder assim, qualquer ideia, não importa quão suavemente tenha sido comunicada, pode fazer uma grande diferença.

Lidere de Forma Discreta.

Se pensa que é demasiado insignificante para fazer a diferença, tente dormir com um mosquito por perto.

"Tenzin Gyatso, the 14th Dalai Lama"

Capítulo 12: Confúcio no Século XXI

———

Jack Chu era um "estudante internacional" de 20 anos de idade a frequentar o curso de direito no Royal College of London (RCL). Ficou aborrecido quando soube que, por ser "estudante internacional", lhe iria ser cobrada uma taxa de matrícula dez vezes superior ao que é pago pelos nativos britânicos ou pelos estudantes da UE. A chique faculdade, no entanto, alegava nos seus prospetos que tratava todos os seus alunos de forma igual. A sério?

O que exasperou ainda mais Jack foi o facto de não haver nenhum sistema concebido para facilitar a vida aos estudantes internacionais. Não havia praticamente nenhuma orientação sobre a procura de alojamento, abrir uma conta bancária, obter um cartão "Oyster" (cartão eletrónico para autocarros e metro de Londres), encontrar alimentos de que gostasse e assim por diante. Mesmo os trabalhos de curso, as atribuições e como eram classificados confundiam-no.

Jack desejava que houvesse uma forma de conhecer os seus seniores, porque uma universidade tão grande como a RCL fazia com que se sentisse completamente perdido. Pensou em pedir a implementação de um programa de tutoria para atender especificamente às necessidades dos estudantes internacionais. A ideia era fazer com que os estudantes internacionais seniores se voluntariassem para orientar os estudantes que tinham acabado de entrar e fazerem com que se sentissem à vontade. Desta forma, os novos estudantes internacionais podiam esclarecer qualquer dúvida que tivessem e os seniores poderiam ter oportunidade de fazer novos amigos com os seus caloiros de uma forma algo estruturada.

Jack achava que esta era uma ótima ideia, mas não sabia como implementá-la. Um raio de esperança surgiu quando pensou no Diretor dos Estudantes do RCL, que parecia ser um homem muito afável e acessível. Decidiu então agendar uma reunião com ele.

No dia seguinte, à hora marcada, correu para o escritório do diretor. Bateu à porta e uma voz agradável surgiu do interior:

"Entre, por favor."

Jack entrou. O diretor vestia um fato escuro às riscas e uma gravata azul. Parecia estar na casa dos 50 anos bem avançados, tinha cabelos grisalhos e a pele castigada pelo clima rigoroso. Usava óculos de aros, que completavam a sua aparência "professoral".

"Em que o posso ajudar?", perguntou o diretor.

"Na verdade..." Jack fez uma pausa para reunir os pensamentos e, depois, desabafou:

"Nós, estudantes internacionais, enfrentamos uma série de dificuldades em Londres."

"Sério? Então, talvez eu o consiga ajudar", disse o diretor.

"É muita gentileza de sua parte, senhor diretor. Os problemas são inúmeros. Temos dificuldade em encontrar alojamento ou um colega com o qual possamos dividir os custos. Londres é um lugar desconhecido para nós. Não sabemos como estudar para os nossos cursos ou o que o sistema de ensino espera de nós. Não sabemos como nos podemos candidatar a empregos de verão ou qual o melhor momento para o fazer. Não sabemos as diversas opções de carreiras que podemos tomar. Além disso, não temos oportunidade de conhecer os nossos seniores." Jack estava imparável.

"É uma pena", disse o diretor.

"E isto é apenas o começo. A lista é bastante extensa", disse Jack, referindo de seguida o rol completo de problemas.

O diretor ouviu pacientemente e, depois, perguntou:

"Então, qual é a sua solução, Sr. Chu?"

"Senhor diretor, na verdade, estava a pensar em termos de um programa de aconselhamento, no qual os estudantes internacionais seniores pudessem atender os juniores uma vez por semana. Poderia ser uma reunião muito casual. Acho que os estudantes internacionais, juniores como nós, se sentiriam mais confortáveis partilhando as preocupações com os nossos seniores do que com o pessoal académico. Desta forma poderíamos fazer amizade com eles. E os seniores certamente também não se importariam de o fazer, porque esta seria uma forma fantástica de conhecerem os juniores, e seria também uma oportunidade de incluir aconselhamento nos seus currículos", disse Jack.

"Muito bem, Sr. Chu. Mas o problema é que um tal novo programa, exigirá financiamento e eu vou ter que provar ao Conselho de Administração que há uma reivindicação para tal programa. Então, Sr. Chu, se me puder provar que a maioria dos seus colegas apoia a necessidade de um programa deste tipo, talvez possa ser capaz de convencer o Conselho de Administração a financiar o projeto", explicou o diretor.

Jack ficou um tanto surpreendido. Não tinha pensado nestas "complicações".

"Parece uma tarefa impossível", pensou Jack.

Depois de permanecer em silêncio durante alguns momentos, Jack perguntou-lhe se lhe poderia facultar uma lista de endereços de e-mail de todos os estudantes internacionais, tanto seniores como juniores. O diretor hesitou um pouco, porque sob as rigorosas leis britânicas tal poderia ser visto como uma invasão de privacidade. No entanto, decidiu fornecer-lhe a lista com a condição de que qualquer correspondência a este respeito fosse feita apenas em nome do assistente especial do diretor.

A bola ficou então do lado de Jack. Nessa noite, estava sentado na biblioteca a tentar pensar no que poderia fazer exatamente. Não lhe vinha nenhuma ideia à cabeça. Ao pegar em algo para ler, Jack viu um livro em cima da mesa sobre Confúcio. Como não tinha outra coisa a fazer, pegou no livro e começou a ler.

Eram quase 19:00h quando voltou para os seus aposentos da residência. Devorou o jantar rapidamente e, depois, tal como um cão cansado, caiu na cama. Naquela noite, Jack viu algo muito estranho e vívido.

Um homem com sobrancelhas espessas e brancas como a neve e umas longas barbas brancas foi ter com ele. Estava vestido com uma túnica do século 5 a.C. que às vezes via os monges usarem nos populares filmes de Kung Fu. Então, lembrou-se que ele se parecia com o homem sobre o qual estivera a ler naquela noite.

"Sois Confúcio, venerado mestre?", perguntou Jack.

"Não se pode abrir um livro sem que se aprenda alguma coisa", disse o monge sorrindo, como se este tipo de resposta enigmática pudesse resolver todos os problemas de Jack.

"Oh, meu Deus, sois realmente Confúcio!", exclamou.

Jack era uma pessoa tímida, que geralmente não exteriorizava os seus sentimentos. Mas naquela noite sentiu vontade de se abrir com esta personalidade divina.

"Hoje falei com o diretor sobre um problema que, a nós alunos, muito preocupa. Sugeri uma solução, mas ele achou que não era suficiente. Exige uma prova de reivindicação. Como poderei encontrar essa prova?", perguntou.

"O sucesso depende de uma preparação prévia. Sem essa preparação de certeza que será um fracasso", disse Confúcio.

"Mas, e se eu fracassar?", perguntou Jack.

"A nossa maior glória não consiste em nunca cairmos, mas em nos levantarmos cada vez que caímos", declarou Confúcio.

"Não estou bem certo por onde começar", disse Jack.

"Não importa o quão lentamente você vá desde que não pare", disse Confúcio.

"Talvez eu deva enviar um e-mail a todos os estudantes internacionais. Acha que eles me darão atenção?", perguntou.

"Vontade de vencer, desejo de ter sucesso e ânsia de atingir o máximo potencial... Estas são as chaves que irão desbloquear a porta para a excelência pessoal", explicou o Mestre.

"Mas porque deveriam eles dar-me atenção? Não tenho a certeza se sou a pessoa certa para levar a cabo esta tarefa. Não sou persuasivo, dominante nem expansivo. Não tenho as competências que os meus extrovertidos e mais eloquentes colegas têm", retorquiu o jovem ainda com dúvidas.

"A sabedoria, a compaixão e a coragem são as três qualidades morais do homem universalmente reconhecidas", disse Confúcio.

"Mas eu não sou uma pessoa eloquente. Sou muito tímido. Pelo menos é o que os meus amigos dizem. Preciso de tempo para refletir", disse Jack.

"O silêncio é um amigo que nunca trai", disse Confúcio.

"E se eles não me escutarem?", questionou.

"Quando é óbvio que os objetivos não podem ser alcançados, não ajuste as metas, ajuste as etapas da ação", aconselhou o seu interlocutor.

"E se as pessoas se rirem do meu e-mail ou me considerarem louco? Não será um erro terrível enviá-lo?", perguntou.

"Se cometer um erro e não o corrigir, isso sim, é um erro", explicou Confúcio.

"Estarei a pensar demais?", redarguiu.

"Aquele que aprende mas não pensa, está perdido! Aquele que pensa, mas não aprende está em grande perigo", acentuou o Mestre.

"Nunca fiz isto antes. Na verdade não tenho qualquer conhecimento sobre como executar um programa de orientação", murmurou Jack.

"Saber o que se conhece e o que não se conhece, esse é o verdadeiro conhecimento", declarou Confúcio.

"Está bem, mas realmente não tenho nenhuma experiência em relação a isto" enfatizou o estudante.

"O que ouço, esqueço. O que vejo, lembro. O que faço, entendo", disse Confúcio.

"Acha que a execução de um programa de aconselhamento é uma boa ideia?", perguntou Jack.

"Se pensar em termos de um ano, plante uma semente; se em termos de dez anos, plante árvores; se em termos de 100 anos, ensine as pessoas", resppondeu o sábio.

"Mas o que devo fazer para que este programa de aconselhamento tenha sucesso?" persistiu Jack.

"Pratique cinco coisas em todas as circunstâncias... Estas cinco coisas são: integridade, generosidade da alma, sinceridade, seriedade e bondade", retorquiu o monge.

"Não tenho a certeza se vou gostar de tal trabalho. Será que não vai tomar muito do meu tempo?" perguntou Jack.

"Escolha um trabalho de que goste, e não terá que trabalhar um único dia na sua vida", respondeu Confúcio.

"Acho que já tenho as minhas respostas. Deveria fazer uma tentativa. Acho que vou começar por enviar um e-mail para todos. O que sugere?", inquiriu o jovem.

"Onde quer que você vá, vá com todo o coração", foi o conselho de despedida de Confúcio.

O monge lentamente desapareceu e Jack acordou com um espasmo. Já era dia.

"Que sonho tão real!" pensou em voz alta.

Tinha decidido enviar um e-mail e sentou-se para escrever o primeiro rascunho.

À medida que as palavras se desenrolavam sobre o papel de forma aleatória, tranquilizou-se com o seguinte pensamento: "Graças a Deus que isto é apenas um e-mail"

Jack escreveu e reescreveu o e-mail.

"Este e-mail deverá chamar a atenção de todos os estudantes internacionais e fazer-lhes chegar a mensagem", pensou.

Já tinha feito alguma pesquisa sobre a forma como outras universidades desenvolviam programas de aconselhamento. Também tinha consultado alguns fóruns de discussão e grupos do Facebook para estudantes internacionais. Ficou impressionado com a semelhança das preocupações que estavam a ser discutidas pelos estudantes internacionais em todos os sítios. Toda aquela investigação tinha agora que ser destilada para o e-mail.

Depois de três projetos, o texto parecia agora razoavelmente apresentável. Fez uma revisão final e desejou que tudo corresse pelo melhor. Depois, carregou n tecla "send" e o e-mail foi enviado para centenas de estudantes seniores e juniores internacionais.

Este é o texto que Jack escreveu:

Olá, amigo!

Em nome do diretor dos estudantes, estou a contactá-lo para descobrir se:

i) está a encontrar dificuldades em encontrar um companheiro de quarto para o seu alojamento;

ii) sofre de saudades de casa e gostaria de poder falar com alguém para conhecer e familiarizar-se com as ruas de Londres;

iii) o seu professor lhe deu um B+ e não lhe explicou o que necessitava de fazer para melhorar essa nota;

iv) ninguém o informa de quais as opções de carreira que tem fora da universidade antes de se formar; etc.

Se acha que estas são algumas das questões em que pensa constantemente, não se preocupe, também estou no mesmo barco.

A minha sugestão: *ter um programa de aconselhamento onde, semanalmente, os estudantes internacionais juniores possam conhecer os seus seniores e discutir qualquer assunto que os preocupe. Pessoalmente, sinto-me mais confortável a falar com os meus colegas seniores do que com os professores. E o colega?*

O Problema: *já falei com o diretor. Disse que teremos de convencer o Conselho de Administração a financiar este projeto. Mas precisa que lhe demonstre que a necessidade de um tal programa realmente existe.*

O que é então necessário fazer: colegas, preciso da vossa ajuda. Vamos reunir-nos amanhã na sala 301, em frente ao café, às 13:00h em ponto, para me dizerem o que pensam deste programa.

Em que poderá beneficiar o estudante sénior: *sei que já passou por tudo isto antes e que teve a sua quota de sofrimento. Mas agora poderá ter uma oportunidade de participar, conhecer e ajudar os seus juniores e atrair bom "karma". E não necessito de salientar que "aconselhamento" também ficará muito bem no seu currículo quando se candidatar a um emprego.*

Agradeço que responda a esta mensagem informando se comparecerá à reunião.

Saudações académicas,

Jack

Jack ficou a fazer figas à espera que o melhor acontecesse. E, na realidade, em poucas horas a caixa de correio ficou inundada com respostas dos estudantes seniores e juniores dizendo que parecia ser um excelente programa e que iriam adorar reunir-se na sala 301, conforme sugerido.

Alguns colegas chegaram mesmo a perguntar por que razão o diretor achava necessário convencer o Conselho de Administração, quando os estudantes internacionais já estavam a pagar dez vezes mais do que os estudantes nativos.

Estava impressionado. Não esperava uma resposta tão massiva. O seu e-mail atingiu um recorde. Mas ao mesmo tempo sentia-se ansioso. No dia seguinte seria o centro de todas as atenções, uma sensação de que não gostava nem um bocadinho.

Jack não era muito falador, pelo que não parava de pensar num plano para a reunião.

Na tarde do dia seguinte chegou 15 minutos mais cedo à sala onde iria ter lugar a reunião para se sentir mais à vontade. Ia ser um grande dia. Ou poderia ser um fracasso total. Faltavam então 5 minutos para as 13:00h e ainda ninguém tinha aparecido. Perguntava-se se não estaria a esforçar-se para nada.

Talvez devesse dar algum tempo de tolerância aos colegas antes de desistir. Então, decidiu esperar mais 15 minutos. Quando o relógio bateu a uma hora da tarde, os alunos começam a chegar, gota a gota. Jack continuou a sorrir. Lenta e gradualmente a sala começou a encher. Por volta das 13:15h era uma torrente com a sala quase cheia e um animado barulho.

Jack soltou um suspiro de alívio e congratulou-se por ter persistido. Mas agora tinha que enfrentar outro problema: falar em público!

Com uma ligeira hesitação, apresentou-se e depois pediu aos outros para fazerem o mesmo. Depois, apresentou resumidamente a finalidade da reunião e perguntou: "Então, o que é que vos preocupa?"

"O meu professor diz que nós, estrangeiros, escrevemos muito e não vamos diretos ao assunto", disse um deles.

"A sério? Isso é bastante mau", enfatizou Jack.

"Ainda estou com problemas em encontrar alojamento", queixou-se outro.

"Tenho saudades da minha comida caseira. A comida aqui é tão insípida", disse um terceiro.

Jack ouviu atentamente, tomou notas e deixou que os outros falassem a maior parte do tempo. Ocasionalmente fazia uma pergunta ou solicitava a alguém que fosse mais objetivo, no entanto deixou que a maioria continuasse a partilhar as suas preocupações. Os estudantes começaram lentamente a abrir-se e a expressar livremente as suas preocupações.

No final da interação, Jack concluiu:

"Então não acham que é uma ideia melhor falarem connosco sobre o que sentem do que com um professor? E, desta forma, ficamos também a conhecer os nossos seniores."

Todos concordaram, acenando que sim com a cabeça. Seguidamente, apresentou uma pequena urna de votos.

"Se apoiam este programa, então é só pegar num pedaço de papel e escrever que o apoiam, juntamente com o vosso nome e curso."

Todos os estudantes rapidamente pegaram num pedaço de papel e escreveram nele. De seguida, colocaram os pedaços de papel dentro da caixa e despediram-se desejando-lhe boa sorte.

Depois de todos terem votado, Jack contou as "votos". Uma esmagadora maioria apoiou o programa sugerido. No entanto, houve alguns que disseram não ver quaisquer benefícios reais no programa e pensavam que seria um completo desperdício de tempo.

Entusiasmado e animado, Jack levou as urnas de voto ao escritório do diretor e provou que havia uma procura real para o programa de aconselhamento. O diretor ficou surpreendido e aplaudiu a sua iniciativa.

Passado pouco tempo o Royal College of London tinha um robusto programa de orientação e aconselhamento para estudantes internacionais, que continua a existir hoje, muitos anos depois de Jack e dos seus colegas se terem formado.

Jack às vezes pergunta-se o que teria acontecido se os estudantes não tivessem reagido ao seu e-mail da forma como o fizeram.

Também se questiona se o fantasma de Confúcio realmente falou com ele naquela noite ou se foi tudo fruto da sua imaginação.

Se não consegue explicar uma coisa a uma criança de seis anos, é porque você mesmo não a consegue entender.

"Albert Einstein"

Enquanto as citações atribuídas a Confúcio (latinizadas do nome chinês Kung-fu-tzu ou Kung-Zi) são encontradas em material de diversas fontes, todas as outras referências a nomes, personagens e lugares na história acima narrada, são fictícias.

Confúcio, o grande filósofo chinês, compôs os seus pensamentos há cerca de 2.500 anos. Enquanto que o próprio não escreveu qualquer livro, os seus seguidores compilaram uma coleção das suas citações, conhecidas como "Analects", o livro doutrinal mais importante do confucionismo. Estas foram trazidas para o Ocidente quando Matteo Ricci as traduziu para o latim.

Embora muito pouco se saiba sobre os antecedentes ou a vida de Confúcio, ele foi certamente um líder introvertido. Como explica John Adair no seu livro "Confucius on Leadership", ele era um filósofo no sentido prático, e não académico, tal como o seu contemporâneo Sócrates.

Muitas pessoas não têm conhecimento de que Confúcio foi ministro do governo estatal local, e provavelmente a primeira pessoa no mundo a dar um passo atrás a meio da carreira, para dedicar a sua vida a treinar outras pessoas para se tornarem líderes. "Neste sentido, as coisas não eram muito diferentes há 2.500 anos atrás. Ele percebeu que o padrão dos futuros líderes não seria como o então exigido e dedicou-se a modificá-lo", diz Adair.

Uma leitura de Confúcio lembra-nos que a virtude, ter cuidado com quem nos rodeia e tomar decisões calculadas mas decisivas, são comportamentos essenciais sem os quais não podemos viver.

A beleza dos aforismos de Confúcio é que eles têm tanta validade hoje como quando foram escritos.

O homem que move uma montanha começa por transportar pedras pequenas.

"Confucius: The Analects"

FIM

===

Espero que os líderes introvertidos com quem se deparou ao longo deste livro lhe tenham fortalecido a sua determinação e dado coragem para prosseguir a sua própria tranquila viagem de liderança. Como introvertido, deve perceber que tem uma verdadeira chama ardente dentro de si.

Então, que chama é essa?

Salvar o meio ambiente ou ser ativista dos direitos dos animais?

Inspirar os outros tornando-se um escritor?

Trabalhar segundo as suas ideias sem ter que reportar ao chefe e ser um empreendedor?

Seja qual for a sua missão, espero que este livro tenha feito com que esteja mais confiante e suficientemente motivado para perseguir os seus objetivos de longo prazo.

Enquanto isso, desfrute das seguintes citações inspiradoras de outras "Pessoas Tímidas":

De forma suave, pode agitar o mundo.

"Mahatma Gandhi"

A sua visão só se tornará clara quando olhar para dentro do seu próprio coração. Quem olha para fora, sonha; quem olha para dentro, desperta.

"C.G. Jung"

Conhecer a si mesmo é o começo de toda a sabedoria.

"Aristóteles"

Começar é a parte mais importante de qualquer trabalho.

"Platão"

Aceite tudo sobre si mesmo (quero dizer mesmo tudo; você é quem é e esse é o princípio e o fim) sem desculpas, sem arrependimentos.

"Clark Moustakas"

Poderá ser um introvertido muito carismático.

"Olivia Fox Cabane"

Para realizar uma ação positiva devemos desenvolver uma visão positiva.

"Dalai Lama"

Dê-me seis horas para derrubar uma árvore, e passarei as primeiras quatro a afiar o machado.

"Abraham Lincoln"

O sábio fala porque tem alguma coisa a dizer; o tolo, porque tem que dizer alguma coisa.

"Platão"

Seja fiel nas pequenas coisas, porque é nelas que reside a sua força.

"Mother Teresa"

Livros Do Autor Da Série "A Fênix Quieta"

───

A FÊNIX QUIETA: UM GUIA PARA INTROVERTIDOS ASCENDEREM EM SUAS VIDAS PESSOAIS E PROFISSIONAIS

A FÊNIX QUIETA 2: DA FRUSTRAÇÃO À REALIZAÇÃO (MEMÓRIAS DE UMA CRIANÇA INTROVERTIDA)

CELEBRANDO OS QUIETOS: HISTÓRIAS ANIMADORAS PARA PESSOAS INTROVERTIDAS E HIPERSENSÍVEIS

CELEBRANDO LÍDERES QUIETOS: HISTÓRIAS INSPIRADORAS DE LÍDERES INTROVERTIDOS QUE MUDARAM A HISTÓRIA

CELEBRANDO ARTISTAS QUIETOS: HISTÓRIAS INSPIRADORAS DE ARTISTAS INTROVERTIDOS

Livros Do Autor Da Série "Auto-Publicação Sem Gastar Um Centavo"

———

COMO TRADUZIR SEUS LIVROS SEM GASTAR UM CENTAVO

COMO VENDER SEUS LIVROS SEM GASTAR UM CENTAVO

Livros Do Autor, Da Série "Cozinhar Num Instante"

———

COMO COZINHAR EM UM INSTANTE MESMO SE VOCÊ NUNCA COZINHOU SEQUER UM OVO

COZINHA SAUDÁVEL NUM INSTANTE: MANUAL COMPLETO SEM DIETAS OU MODISMOS

O GUIA DEFINITIVO PARA COZINHAR LENTILHAS À MANEIRA INDIANA

O GUIA DEFINITIVO PARA COZINHAR VEGETAIS À MANEIRA INDIANA

COMO COZINHAR COMIDA CASEIRA INDIANA EM UM INSTANTE

Contacte o Autor

―――

Será sempre bem-vindo ao visitar a minha página em: http://www.publishwithprasen.com

Se tiver quaisquer perguntas ou comentários a fazer, ou desejar colaborar comigo num projeto futuro, por favor não hesite em escrever-me para:

prasenjeet@publishwithprasen.com

Também gostaria de estar ligado a si nas Redes Sociais. Acompanhe-me em:

Twitter

https://twitter.com/PublishWithPras

Goodreads

https://www.goodreads.com/prasenjeet

Google Plus

https://www.google.com/+PrasenjeetKumarAuthor

Tradutor:

João Campos Monteiro

Poderá contactar o tradutor escrevendo para: monteirojcampos@gmail.com

Sobre o Autor

———

Prasenjeet Kumar é autor de 30livros de três géneros: livros de receitas (da série "Cooking In A Jiffy"), livros motivacionais para introvertidos (da série "Quiet Phoenix") e livros sobre autopublicação (da série "Self-Publishing Without Spending a Dime"). Oito destes livros estão traduzidos para Espanhol, Português, Italiano e Alemão.

Prasenjeet Kumar é formado em Direito pela University College London (2005-2008), e é titular de uma licenciatura em Filosofia, com Distinção, da faculdade de St. Stephen (2002-2005), Universidade de Deli. Além disso, possui um Diploma de Curso de Prática Jurídica (LPC) da Faculdade de Direito de Bloomsbury, em Londres.

Prasenjeet gosta de comida gourmet, música, filmes, golfe e de viajar. Já percorreu dezassete países, incluindo o Canadá, China, Dinamarca, Dubai, Alemanha, Hong Kong, Indonésia, Macau, Malásia, Emirado de Xarja, Suécia, Suíça, Tailândia, Turquia, Reino Unido, Uzbequistão, e EUA.

Prasenjeet é um designer autodidata, escritor, editor e é detentor do site www.cookinginajiffy.com o qual dedicou à sua mãe. Tem também um outro site, www.publishwithprasen.com onde partilha informações úteis sobre escrita e autopublicação.